私は93歳の新聞記者

ペンとカメラと杖を手に、
今日も街を歩きます

涌井友子

草思社

涌井友子、1931（昭和6）年生まれ。今も新聞記者を続けています。

「週刊 とうきょう」創刊四十周年の集い（2014年11月14日）。左から私、次女の久美子、孫、三女の奈津子、長女の眞理子、四女のかおり。

仕事に脂がのっていたころの夫・啓権。彼の笑顔が大好きでした。

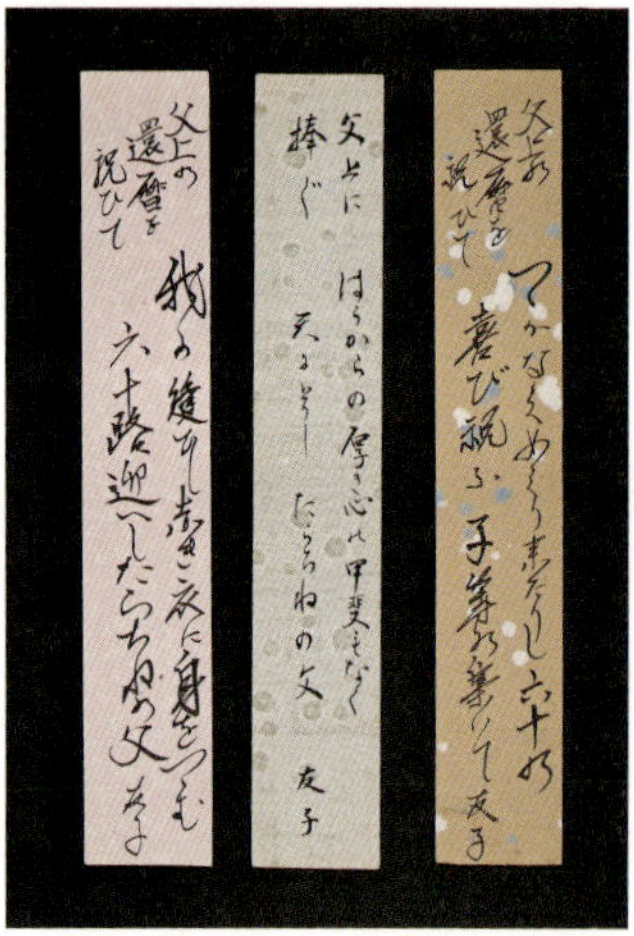

1950（昭和25）年、父が還暦を迎えたときに贈った短歌。

1966（昭和41）年頃、家族で軽井沢へ出かけたとき。

84歳の頃、家族と一ノ倉沢へ。山に登るのはこれが最後になりました。

2024（令和6）年の家族写真。左から奈津子、孫、私、久美子。

中野区の移り変わりを50年伝えてきました。

ペンとメモ帳は常に携帯。

私は93歳の新聞記者

ペンとカメラと杖を手に、
今日も街を歩きます

はじめに

はじめまして。涌井友子です。

昨年（2024年）、93歳になりました。

「週刊 とうきょう」という中野区限定のローカル紙の記者と発行主をしています。

中野の区政や選挙といった政治関連の記事、区役所からのお知らせ、警察署や消防署のイベント、区内のボランティア団体の情報など、中野区に暮らす皆さんの生活に役立つ情報をお届けしています。

「週刊 とうきょう」は、2024（令和6）年で創刊50周年を迎えました。ズブの素人だった私がローカル紙の世界に入って66年。今や新聞の主筆と記者として仕事をしているのですから、人生とはわからないものです。

「週刊 とうきょう」が誕生して半世紀経った今、私自身の数奇な運命を振り返ってみよう。そう思って、筆をとりました。

最近は、杖をついてリュックを背負って、中野区内を歩いて取材をし、それをもとに記事を書いています。

ところが自分のこととなると、やや照れくさく、思い起こせばしみじみと胸に迫ってくる出来事もあります。

新聞制作に一生を捧げて、自分の思うままに生きてきた人間。

私について、そう思われる方もいらっしゃるかもしれません。

でも、私の人生は、いつも自分以外のものやことに翻弄されてきました。

一番大きいのは戦争（第二次世界大戦）かもしれません。戦中、そして戦後。

10代だった私は、時代の流れから自分の夢を諦めなくてはなりませんでした。

また、病気にかかってしまった家族のために、家事や看病、仕事と忙しい日々を送っていました。

就職後、楽しい青春の日々を過ごすことができましたが、結婚して上京すると、人生の舵を思わぬ方向に切ることになります。

近年では、普通の人々が生きやすい社会ができつつあると感じます。男性も女性も差別なく職業を選ぶことができ、結婚後も同等に仕事や家事を分担しています。

はつらつと働いている若い女性たちを見ると、まぶしく感じます。

私が若い頃は、まだまだ古い風習に縛られていました。家父長制度に基づき、娘は親の世話をする。結婚したら、家事や育児は妻の役目。そう信じてやってきた私の半生を読むと「どうして我慢ばかりしてきたの?」と思われる方もいらっしゃるかもしれません。

でも、それが時代というものです。

当時はそれが当たり前で、皆、時代の価値観に従って生きてきました。

つらくても、頑張って乗り越えなくてはならないと思ってきたのです。

私はとにかくひたすらに、毎日を生きてきました。

その積み重ねのうえに、今があります。

あっという間の93年。

気がつけば、四人の娘に助けられ、中野区の皆さまに支えられて、穏やかな日々を過ごしています。

この歳にして健康で、たくさんの友人に囲まれている。

「私の人生、なんて幸せなんだろう」

と感じています。

そんな私の物語を、ご一読いただけたら幸いです。

2025年1月

涌井友子

目次

第4章 昭和、平成、令和。私が歩いてきた道

ブックデザイン　木村美穂（きむら工房）
撮影　梅木隆秀
校正　有賀喜久子
編集協力　片岡理恵

第1章

93歳、現役新聞記者。今が一番幸せです

悪口は絶対に書きません。事実だけを書いています

「週刊 とうきょう」を創刊したのは、私の夫の涌井啓権《わくいひろのり》です。

1958（昭和33）年、私が夫と結婚した頃は、東京都中野区だけでローカル紙が7紙もありましたが、2025（令和7）年の現在、「週刊 とうきょう」だけになってしまいました。

昭和30〜40年代は、社会の複雑な背景のもとに、人々が独自に新聞や冊子を発行する動きが広まっていました。もちろんインターネットがない時代ですから、アナログで紙だけの発行でした。

現在「週刊 とうきょう」の発行部数は約2000部。タブロイド判2ページで月2回の発行ですが、新年号などはページを増やしています。すべて郵送で、

購読料は6カ月で3150円です。

中野区の全域の情報が一目瞭然でわかる新聞だと、皆さんおっしゃってくださいます。こういった新聞はなかなかないと、評価してくださる購読者もいます。

夫が制作していた頃（1974〜1982年）、「週刊 とうきょう」は、政治色の強い新聞と思われていました。政治家の方々やそのグループと夫には深いつき合いがあったため、どうしてもそういった記事が多くなってしまいます。意識的ではないにせよ、保守系の議員たちの広告や記事が増えると、全体がその色に染まって見えるのです。夫は社会の木鐸《ぼくたく》として、「週刊 とうきょう」を通じて世の中に貢献したかったのかもしれません。


1982（昭和57）年に夫が亡くなって「週刊 とうきょう」を継ぐ決心をしたとき、私は50歳。何かに挑戦するにはギリギリの年齢だと感じていました。だからこそ、真剣に取り組んで、自分のカラーを打ち出さなければと思ったのです。

私は、まず「週刊　とうきょう」は、どこの政党にも偏らない、公平な新聞にしたいと思いました。

区政の告知や選挙などの記事は、事実を掲載。それ以外は、議員や政治家の方から取材に来てほしいと依頼があったときだけ、記事を掲載することに決めました。

夫は、男は仕事をするもの。それ以外の家事や育児はすべて妻の役目という考え方でした。昭和の時代の男性は、みんなそうだったかもしれません。私は、いわゆるワンオペで、家事も育児も、そして仕事もこなさなくてはなりませんでした。

そんな私にとって、仕事と家庭は常につながっていました。イデオロギーや政治のためではなく、夫と四人の子どもたちと暮らしていくために仕事をしていたのです。

まだ小さかった三女は学童に、四女は近所の保育園に預け、取材や集金、広告取りをしていました。家で原稿を書いたり、校正をしたりしながら、その合間に煮物を作ったり掃除や洗濯をしたり……。青息吐息でやっていました。

もちろん、私一人の力では全部はできないので、上の娘たちやご近所さん、PTAのお母さんたちに協力をしてもらって、お世話になってきました。家族も含めて、地域の方々のおかげでなんとか「週刊　とうきょう」の仕事を続けてこられたのです。

私はその方たちに恩返しをするため、地域の生活者に向けた新聞を作っていきたいと強く思いました。

そのために貫いているのが、「絶対に悪口を書かない」こと。

悪口やゴシップは、確かに人の興味・関心を集めやすいものです。でも、だれかを傷つけてまで購買数を増やしたくはありません。

私は結婚式を挙げた翌日から、夫が当時勤務していた「中央新聞」の購読料の集金を任されました。最初のうちはただ、言われるままにお得意さんを回るだけでしたが、続けていくうちに、集金係が楽しくなってきたのです。

集金先は個人のお宅や企業でしたが、購読者の皆さんのお顔を見て、直接話ができるのが何より面白いのです。

「この前の××の記事、面白かったよ」

「この暑い中、がんばって来てくれてありがとう！」

皆さん、集金係の私に感想や労いの言葉をかけてくださいます。読者の顔を知ることは、後年、「週刊 とうきょう」で取材や原稿書きをするうえで、とても励みになりました。

へこたれそうになったときには、一人ひとりのお顔、かけていただいた言葉を思い出しました。

そしてペンを握り直し、自転車のペダルを力強く踏んできました。

現在は、購読料は振り込みにさせていただいているので、以前のように購読者さんとお会いして話をすることは少なくなりました。

でも、今でも「週刊 とうきょう」について考えるときには、読者の皆さんの

顔が脳裏に浮かんできます。そして夫・涌井啓権が常に言っていた、

「事実を書くことが大切。現場をよく見て書くこと」

は、私の座右の銘となっています。

「週刊 とうきょう」は、購読者に郵送で届けています。

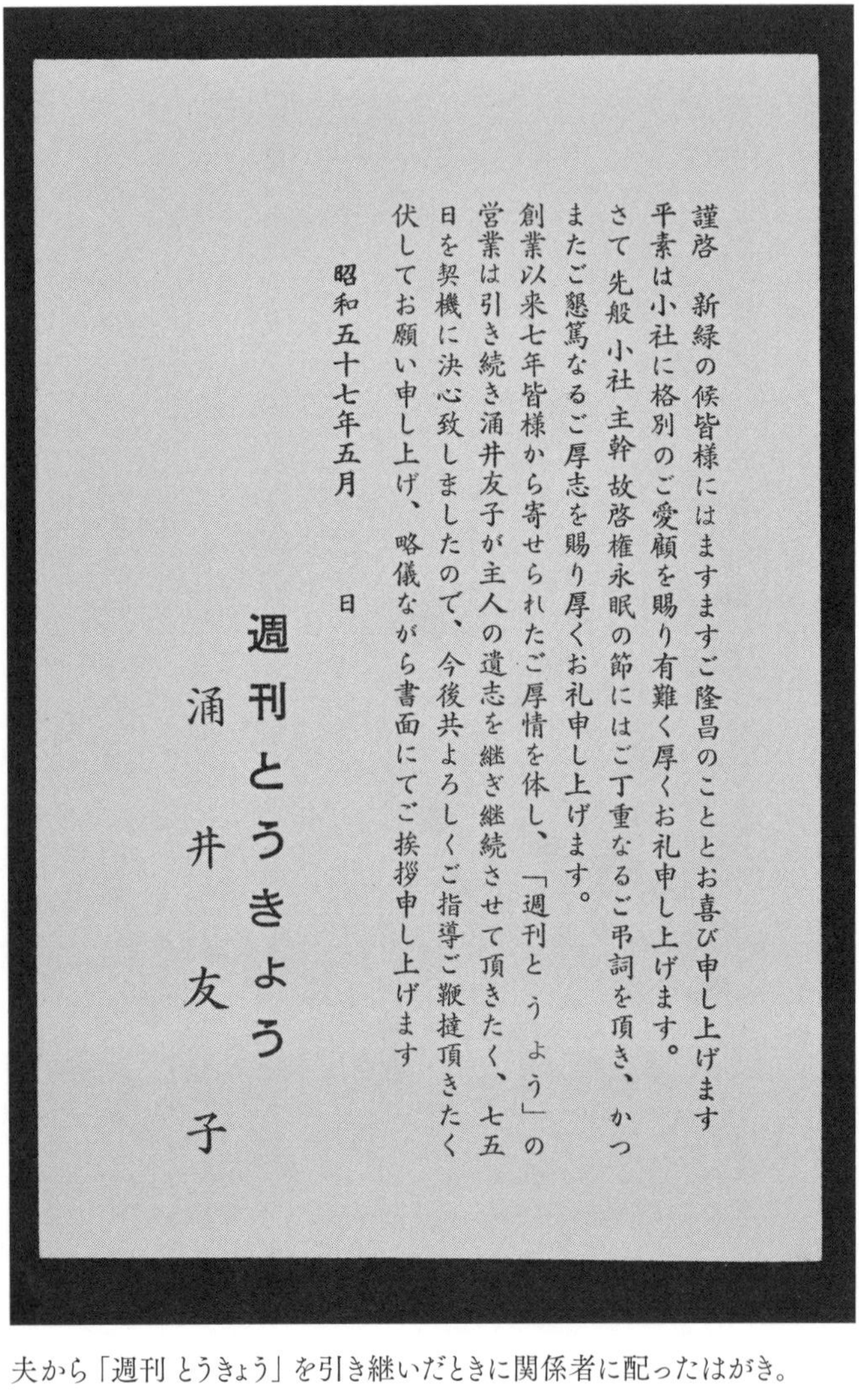

謹啓　新緑の候皆様にはますますご隆昌のこととお喜び申し上げます
平素は小社に格別のご愛顧を賜り有難く厚くお礼申し上げます。
さて先般 小社 主幹 故啓権永眠の節にはご丁重なるご弔詞を頂き、かつ
またご懇篤なるご厚志を賜り厚くお礼申し上げます。
創業以来七年皆様から寄せられたご厚情を体し、「週刊とうきょう」の
営業は引き続き涌井友子が主人の遺志を継ぎ継続させて頂きたく、七五
日を契機に決心致しましたので、今後共よろしくご指導ご鞭撻頂きたく
伏してお願い申し上げ、略儀ながら書面にてご挨拶申し上げます

昭和五十七年五月　日

週刊とうきょう
涌井友子

夫から「週刊 とうきょう」を引き継いだときに関係者に配ったはがき。

「大宅壮一東京マスコミ塾」卒業生の勉強会に参加して、基本を学びました

中野区は東京都の中でも比較的小さな区で、「週刊　とうきょう」を引き継ぐ前から、私は細部まで知り尽くしていました。

「週刊　とうきょう」を創刊するとき、夫は東京全体を伝える新聞にしたかったようですが、さすがにそれは二人では無理だと思いました。でも、中野区なら、取材や集金をしながら、家事や育児ができると思いました。仮に杉並区だとしたら、面積が大き過ぎて当時の私には荷が重かったのです。

大事なのは月に2回、きちんと発行すること。それをコツコツと続けていくことです。そこで初めて「週刊　とうきょう」は皆さんに信頼してもらえるのです。

ローカル紙にとって、購読者からの信頼はかけがえのないもの。それを失った

ら、存続することもできなくなります。

縁もゆかりもない東京に来て、結婚し出産、子育て。乏しい収入をやりくりしてきた私には、まとまった財産がありません。

あるのは、四人の娘たちと夫が遺した「週刊とうきょう」だけでした。


夫が亡くなって、見切り発車で承継したものの、不安しかありませんでした。

取材、撮影、執筆、編集、校正をすべて一人で行わなくてはなりません。それ以外にも、集金や広告取り、経理などの事務作業、新聞の郵送準備もあります。

当初、私には新聞作りの知識と技術が不足していました。

夫の友人に相談したところ、印刷所まで同行してくれ、割り付けや校正を見てくれました。

中野区の広報課の方々にも大変お世話になりました。

タイトルのつけ方や読みやすい文章の書き方など、手取り足取り教えてくださいます。

考えてみると、取材先の人に新聞作りを学ぶのも変な話ですが、その頃にはそれぐらい、親しい間柄になっていたのです。

皆さんの支えによって、私はよちよち歩きの紙面を作っていきました。

２０１２（平成24）年に亡くなられた彫刻家の長谷川昂《こう》さんも、

「文章で応援するよ」

と言ってくださいました。

夫が親しくしていた後に衆議院議員で国土交通副大臣となった高橋一郎さんが都議会議長のときに、都知事の新年のあいさつ文を掲載できるよう計らってくださいました。

１９８１年からは、新年号には都知事のお言葉を毎年いただいています。

夫の友人は、勉強会にも誘ってくれました。それは、「大宅壮一東京マスコミ塾」

の卒業生が主宰する会でした。そこで私は、マスコミ人としての基本や心構え、優良事例や参考になる本などを学びました。

人とのつながりは、ありがたいものです。「大宅壮一東京マスコミ塾」の同窓生の皆さんが、私の心強い味方になってくれたのです。

新年号には無料寄稿をしてくれたり、長期連載を執筆してくれたり。

「週刊 とうきょう」に読み応えのある記事を掲載することができているのは、彼らのサポートのおかげなのです。中野区の皆さんも、私のつたない新聞作りを長い目で見守ってくださいました。

「週刊 とうきょう」は、中野区政を中心に、地域住民の暮らしに関わる情報を記事にしています。そのため、中野区の広報課や警察署、消防署などには、よく取材させてもらいました。

その担当者の方々が、今後予定しているイベントなど「記事ネタ」を提供してくださっています。

学校の行事も大切な取材先の一つ。地域の一番のニュースでもあります。

歴代の担当者の皆さんとは、今も交流が続いています。

選挙の取材が大好き。事務所に入るだけで当落がわかります

新聞も繁忙期があります。一番忙しいのは、選挙期間中です。中野区議会議員選挙のときには、60人ほどの候補者の事務所を1週間で回らなくてはいけないので大忙しです。

でも、私は選挙の取材がとても好きです。夫のように政治好きというわけではありません。所属政党に関係なく、ただ、真面目に中野区の将来を考えている人に当選してほしいと思っています。

どんなに高い理想を掲げても、あるいは政治的な能力があっても、選挙に勝たなくては区政に関わることはできません。だからこそ、候補者は皆真剣です。真

剣に勝負に臨む人間。その姿勢と情熱に惹きつけられるのかもしれません。

選挙取材も回を重ねるうちに、なんとなく勘が働くようになってきました。

少人数で地味に活動をしている候補者でも、

（案外、勝てるかもしれない）

と思っていると、そのとおりになることがあります。その逆で、圧勝・安泰と思われたベテラン候補が落選することも。

選挙事務所に入ってその場所の雰囲気を感じるだけで、当落が見えてくるから不思議です。

だから選挙は面白い。面白いから、「くまなく丁寧に取材をしたい」といつも思ってしまいます。

今でも、特に中野区議会議員選挙や中野区長選挙が近づくとソワソワしてくるし、いざ選挙取材がスタートすると夢中になって、アドレナリンが出るのか元気になってきます。

ときには、事務所を応援に回る衆議院議員や都議会議員とバッタリ。

「お、来たな！　次は××の事務所で会おう」

と、黒塗りの車に乗り込む議員さん。

私は自転車で住宅街の狭い近道をスイスイ。いつも私が先回り……と、こんな具合でしたが、今は無理です。自転車だったからできたと、今は懐かしい気持ちです。

「週刊とうきょう」では、選挙報道も独特です。

都政目線での報道は、テレビや大手新聞が行っています。

私は、あくまでも中野区民への報道を意識しています。

2024（令和6）年7月に行われた都知事選挙・東京都都議会議員補欠選挙も、その観点を忘れませんでした。

都議会議員補欠選挙の記事がトップに。

誰もが知っている都知事選の開票結果は2番目に掲載しました。

特に補欠選挙に当選した議員を中心に、都議会議員補欠選挙の様子をレポートしました。

こういった記事の差別化は、大手メディアではありえません。中野区のローカル新聞ならではだと思います。

2面には、シルバー人材センターの総会や野方防犯協会の懇親会、私立幼稚園連合会親睦卓球大会などといった、さまざまな団体の活動を紹介しています。

これらの小さな記事は、ネット上で検索してみると、それぞれ個別には出てくるかもしれません。でも、それらが一つの「週刊とうきょう」の紙面に、同じ目線・温度の記事として並んでいることで、中野区の様子、動き、そして雰囲気が臨場感たっぷりに浮かび上がってくればいいなと思っています。

子どもを養うため、そして夫の遺志を継ぐためとやってきた「週刊 とうきょう」

最初の頃はとにかく必死で、締め切りというゴールを目指して、毎日走って、書いてきました。数年が経ち、徐々に紙面作りに慣れてきた頃、

（あれ？　私、この仕事がすごく好きかもしれない）

と思うようになりました。それまでは、好きも嫌いも、そんなことを感じる心の余裕すらなかったのです。

「週刊 とうきょう」を始めて50年以上の月日が経ち、私はたくさんの知り合い、友だちに囲まれています。ほとんどが、「週刊 とうきょう」の取材など、仕事を

カメラは常に携帯して、シャッターチャンスを狙います。

通じて出会った人たち。人との出会いから、その縁をつないでいけるほど楽しいことはありません。

93歳の毎日を豊かに彩ってくれるのは、多くの知人、友だちです。

私はそんな彼らに深く感謝するとともに、（この仕事をしてきて本当によかった）としみじみと思うのです。

生涯現役で新聞を発行していきたい。地元への恩返しがしたい

夫の遺志を継いで大切にしていることがあります。それは、

○投書は載せない

○広告主、購読者への感謝の気持ちを忘れない

の二つです。

投書は、載せてしまうと誌面上で意見の対立が起きてしまう危険があるからです。

この二つと、そして「悪口を書かない」を貫いてきたからでしょうか。夫から引き継いで42年もの間、発行を続けることができました。

今はインターネットの時代ですが、あくまでも紙の新聞だけを発行することに

こだわり続けています。それは、間違ったニュースが拡散されないようにするための最終的な手段だと思っているからです。若い方にとっては、情報はインターネットで見るほうが速いし、スマートフォンでニュースが見られるのだから、紙の新聞がどこまで通用するかわからないです。それこそ、AIを活用して卒業論文を書く学生さんもいるわけだから、いずれITがメディアを変える時代が来るかもしれません。そのときに生き残っていられるかどうか、です。

42年も経ち年齢を重ねれば、私自身も老化もします。耳が遠くなったり転びやすくなったり、そんな毎日ですが、自分が入院などしないように慎重に生活するよう心がけています。そして、梅干しなどを手作りして、昔ながらの健康によい食生活を続けています。

発行部数も少しずつ減っていて、郵便料金の値上げなども痛いところですが、需要がある限り、生涯現役のままで「週刊とうきょう」を発行していきたいと思っています。そして中野の皆さんの役に立つ情報を、間違いなくしっかりと発信し

現場で話を聞いているときが一番楽しい。ペンにも力がこもります。

ていきたい。それが中野にご縁をいただいた私の、地元への一番の恩返しなのです。

　そんな私、おかげさまで今が一番幸せです。

Column

家族の健康を守る梅仕事

毎年、5月中頃になると、私はソワソワしてしまいます。

梅仕事の季節です。

特にここ数年は天候が不順で、初夏から梅雨への移行が昔のように読めなくなりました。せっかく準備を整えても、雨が降ったら台無し。

八百屋さんの店先に青梅が並ぶ頃には、空を仰いで、梅仕事の段取りについて考え始めるのです。

私の家では、梅干しと梅エキスを毎年作ります。

特に梅干しは、病床にあった母から障子越しに教えてもらった秘伝の味。今では娘たちに伝え、さらに孫たちに継承してもらいたいと思っています。

私が子どもの頃には、食卓に梅干しは欠かせませんでした。おかずとしてはもちろん、整腸作用などもあったかもしれません。

また、梅の果汁を煮詰めて作る梅エキスは、まさにお腹の薬でした。私の地元（静岡県藤枝市）では息子が戦地に行く際、母親は必ず梅エキスを持たせたと聞いています。水あたりなどがあったときには、どんな薬よりも効果があったとか。私流の梅干し・梅エキスのレシピを紹介しましょう。

涌井流「梅干し」の作り方

1

熟した梅を使います。へたを取って丁寧に一つひとつ洗い、ひと晩水につけてアクを取ります。

2

一つひとつの梅を焼酎にくぐらせ、粗塩をまぶしていきます。漬物石を載せ漬け込みます。2〜3日で梅酢が上がってきます。私は梅酢の様子を見ながら1〜2週間ほど漬け込みます。

参考

焼酎は35度がいい。粗塩は梅の重量の8〜10%。雑菌予防のため漬物用のビニール袋を入れたほうがいい。

3

梅酢が上がっている漬け込んだ梅に赤ジソを入れます。赤ジソは1回粗塩で揉んで出た汁を捨て、もう一度粗塩で揉んだものを加えます。

4

3週間ほど漬け、梅雨明けの頃のお天気のよい日が続くときに梅と赤ジソと、梅酢に分け、3日くらい天日干しにして出来上がりです。私は梅だけを他の容器に入れ、1年程寝かせます。そのほうが塩味がまろやかになると思います。梅酢は料理などに使います。赤ジソはカラカラに干し、ゆかりにします。

涌井流
「健康梅エキス」の作り方

❶ 青くてかたい梅を使います。

❷ 種をはずし、ジューサーにかけ果汁を搾り、果汁をホウロウか陶製の鍋で、中火か強火で煮立てアクを取り、弱火で煮詰めます。

❸ 黒みをおびてきたらこげないように木べらで混ぜながらさらに煮詰め、とろみがついてきたら火を止め、余熱があるうちに木べらで混ぜます。
冷めてしまうと固くなるので、温かいうちに清潔なビンに移し替えましょう。
※果肉は絶対に入れないように。

第2章

仕事とボランティアで忙しくしています

次女の久美子と二人三脚の紙面作り

「週刊 とうきょう」は2024（令和6）年、創刊50周年を迎えました。

1カ月に2回ある締め切り日を目指して、とにかく毎日毎日必死に仕事をしてきました。選挙などの特別な事情以外では、ほとんど遅れることなく発行し続けることができました。これも、私を支えてくださった、購読者の皆さんと地域の方々のおかげだと思っています。

もちろん、決して順風満帆というわけではありません。

特にこの30年は、日本経済は低迷が続き、日本人の暮らしや企業の業績は大きな影響を受けました。

「週刊 とうきょう」の購読者には、地元の中小企業のオーナーも多いので、その経営状況は購買数にダイレクトに響きます。

また、日本社会のありようや、日本人のライフスタイルも大きく変わりました。「週刊 とうきょう」創刊の頃には、まだまだ日本社会も鷹揚で、余裕がありました。区の広報課や警察署、消防署といった取材先には、アポイントメントなど取らずに「近くを通ったから、お寄りしました」と入っても、皆さん、笑顔で迎えてくれました。

世間話から始まって、行事予定や最近の情勢などの情報をお聞きしました。

「気をつけてね」

「ありがとう。またね」

と、今振り返ると、本当にのどかなものです。

もちろん現在では、どんなに親しい担当者だとしても、取材のアポイントメントは必要だし、入館手続きをしなくては中に入れてもらえません。

「週刊 とうきょう」自体も、以前は集金していた購読料は、振り込みにしていただいているのだから、よそのことばかり言えませんね。公平な視線を保つ、悪口を書かないなど、創刊当初からのポリシーは変わりません。

題字をはじめ、全体のレイアウトも掲載記事の傾向もほとんど変えていません。変わったのは、制作体制と作り方。

現在では次女の久美子と私、二人三脚で「週刊 とうきょう」を制作しています。久美子は子どもの頃から、家事や育児、新聞折りなど、何かと私のサポートをしてくれました。彼女は大学卒業後、民間企業に就職。夫がなくなってから私一人で「週刊 とうきょう」を作っていました。

1996(平成8)年、私は背骨を圧迫骨折しました。外出先でものすごい激痛に襲われ、それでも自力で歩いて帰宅。翌日病院に行きました。

「圧迫骨折ですね。絶対安静です。動いちゃダメですよ」

とお医者様に言われてしまいました。

その頃、久美子は会社を辞め、再就職先を探している最中でした。

事情を話すと、

「じゃあ、しょうがないね」

と、その時抱えていた取材を全部代わりに引き受けてくれました。

さすがにいきなり取材に行かせたら先方も驚くだろうと思い、電話で事情を説明して、名刺を持たせて訪問させました。

あのときも本当に助かった。

結婚してからずっと、大きな病気や怪我をすることなく、気力でなんとか仕事をしてきたので、倒れて初めて健康のありがたみを知りました。

骨折が治った後も、久美子は「週刊とうきょう」を手伝ってくれるようになりました。経理関係の帳簿をまとめたり、取材が重なったときに代行してくれたり。

初めての骨折で、体力に不安を感じていた私の気持ちに気づいてくれたのかも

久美子と編集会議。彼女がいなかったら新聞発行は続けられませんでした。

しれません。

さあ、大変！デジタル化の波がやってきた！

圧迫骨折から1年4カ月後。

「週刊　とうきょう」始まって以来の、大変革が起こります。

デジタル化です。

パソコンが普及し、一般企業でもデジタル化が進んできました。それまでは、印刷所に原稿や写真を入稿して、活版印刷で紙面を作ってもらい、それを印刷していました。

ところが、新聞や雑誌の業界でも、パソコンの編集ソフトを使って紙面を作るようになったのです。

発注していた印刷会社の廃業も決まり、現在も利用している印刷会社に相談したところ、パソコンがあるならパソコンで作ればいいと、勧められました。

こうなると、私はどうしていいかわかりません。

久美子が（といっても、彼女も決してＩＴ系というわけではないのですが）、編集用のソフトを買って、マニュアルを見ながら悪戦苦闘を続け、紙面を作ってくれました。

そのうちに、一眼レフカメラをやめて、デジタルカメラを使うように。ずいぶんと軽く、小さい。でもこれで十分だそうです。

「週刊 とうきょう」に押し寄せたデジタル化の波。そのおかげで、仕事のやり方もずいぶん変わりました。

まず、久美子と同居する家の部屋の中だけで、アポ取りから連絡、原稿執筆そして紙面作りまでできてしまう。

それまでは、印刷所に入稿したら、夜中の3時ぐらいまで紙面ができるのを待っているのが常でした。

今は、久美子に原稿を渡せば、一旦終了。校正まで時間に余裕ができ、料理や洗濯ができます。睡眠時間を削ることもなくなりました。

2020（令和2）年、再びトラブルが勃発。私は商店街で転倒し、大腿骨転子部を骨折しました。

足腰には自信があったので、これは大ショックでした。

70年ほど、ずっと自転車で動いていたのに、それができなくなったのです。大腿骨骨折から歩けなくなる高齢者も多いことから、久美子は入院中も毎日病院に来て、仕事が継続できるように私にハッパをかけ続けてくれました。以来、私は自転車には乗らず、もっぱら杖に頼りながら移動しています。

取材用リュックには、ペンとメモ帳、デジカメ、「週刊とうきょう」の腕章。そして最近ではICレコーダーも入れています。

数年前から耳の聞こえが悪くなりました。取材していても聞こえづらく、メモが間に合わない。でも、ICレコーダーに録音すれば、聞き逃した言葉は後で確

腕章、デジカメ、ICレコーダー、ペンとメモ帳は私の欠かせない仕事道具。

認することができます。レコーダーを回しながらも、気になったところは逐一メモをしています。

ITやデジタルといった分野は、私のような人間には縁のないものだと思っていました。でも、それらを活用することによって、今でも現役で仕事ができるのですから、面白いものです。

子育てを応援する ボランティアに夢中です

久美子という相棒ができて、デジタル化を実現し、効率化も図ることができました。

昔よりも時間に余裕ができたぶん、私は今ボランティア活動を熱心に行っています。

長年、「週刊 とうきょう」を支えてくださった地元の皆さんへの恩返しという意味もあります。

中野区検定「中野区ものしり博士」の検定委員もその一つ。

中野区の歴史や地理、ウンチクなどが出題される検定なのですが、実は私は第3回のものしり博士号取得。高得点で合格しました！

内容は広範囲に及び、なかなか難しいのですが、毎年たくさんの方々が挑戦しています。

世代間交流「夢のかけ橋」というボランティア団体にも所属しています。「夢のかけ橋」は、子どもから高齢者まで、さまざまな世代の住民が集い、遊びや野菜作り、勉強会などを通じて交流を深める活動です。

私は子どもが大好き。子どもたちとふれ合っていると、若い頃の「教員になりたかった」という気持ちがよみがえってきます。

また、自分自身、子育てと仕事の両立に大変苦労してきました。働きながら子育てをする保護者の方たちに、なんらかのサポートをしてあげたいという気持ちもあります。

世の中が効率よく、便利になる一方で、世知辛く、生きづらさを感じることもある気がします。私が子育てをした時代とは違った困難があるのではないかと感じています。

親御さんも子どもたちも、のびのびと元気にこの中野で暮らしてほしい。そんな思いを込めて、世代間交流の活動にもかかわっています。

時代や社会が変わっても、子どもというものの本質は変わらないのではないでしょうか。

子どもたちと一緒に、泥まみれになって花や野菜を作る時間は、私にとって癒やしのひとときでもあります。

私が育った時代は、戦争があり、物が乏しく、今と比べると不便なことが多かったかもしれません。でも、だからこそ、子どもたちは、大自然の中でのびのびと、心と体を解き放ち、遊んだものです。

現代では、環境の変化によってそれは難しいかもしれませんが、のびのびとおおらかに生きることはできないことではありません。

今を生きる皆さんには、細かいことにクヨクヨせずに、自分らしくやりたいこ

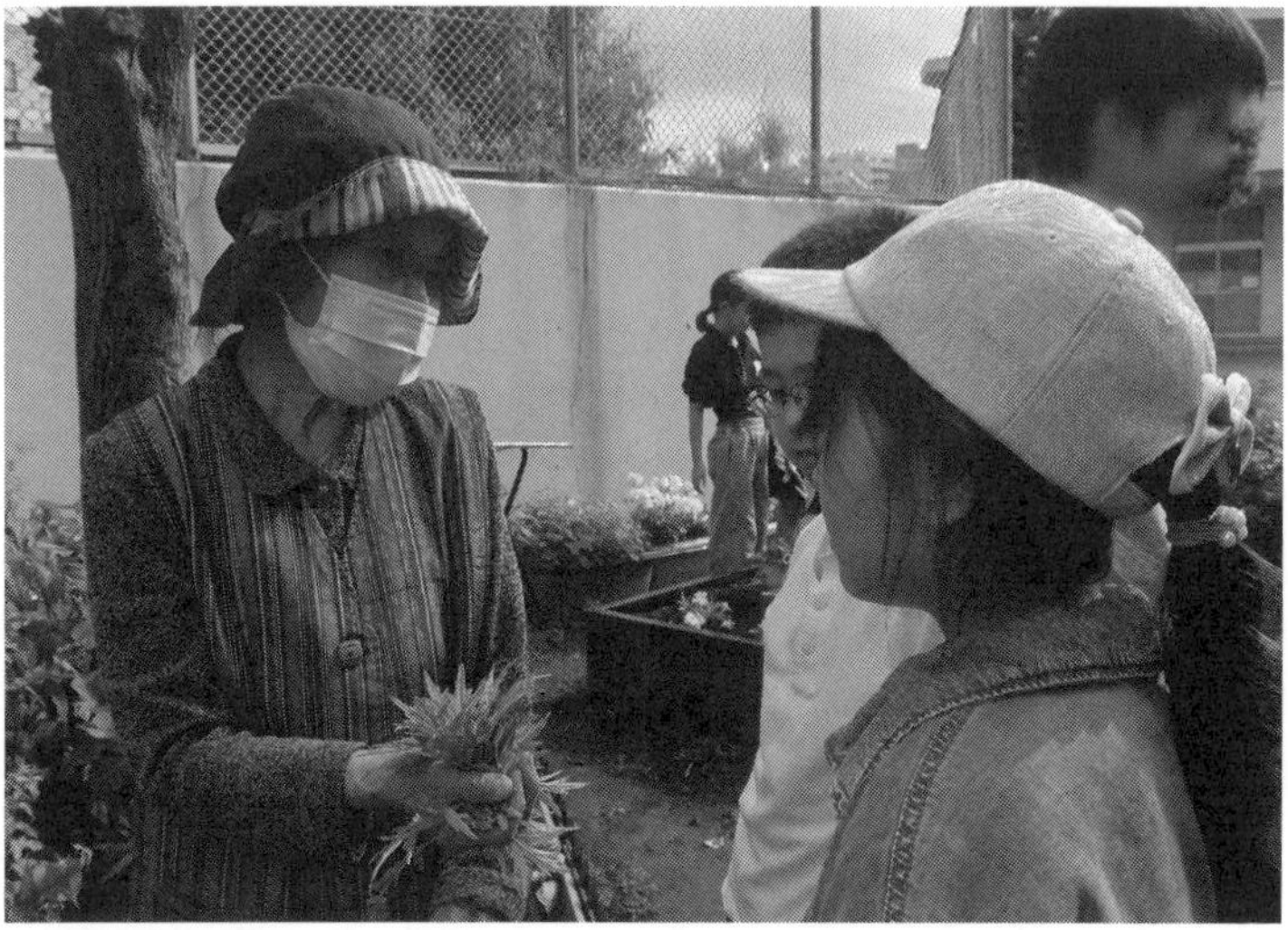

ボランティア活動で子どもたちにおばあちゃんの知恵を伝えています。

とを存分にやってほしいと思います。

私のある一日

6：00	起床
8：00	朝食
10：00	ボランティア活動・取材
12：00	昼食
13：30	取材・打ち合わせ
15：30	帰宅
16：00～19：00	執筆などの仕事
19：00	夕食
20：00	テレビ視聴・入浴など
22：00	就寝

Column

地域全体で子どもたちを見守り、世代を超えた交流を

（編集部より）

毎週水曜日の午後、友子さんはボランティア活動に参加しています。場所は中野区立弥生児童館（中野区弥生町）。

世代間交流「夢のかけ橋」という団体が行っている活動です。

そこで、放課後の小学生たちと野菜作りや花作りなどを行っているのです。

児童館の庭にある花壇には、カーネーションやスイートピーなど、季節の花々が咲き揃っています。よく見ると、ヨモギやミントなど、食用のハーブも植えられています。

「この間は子どもたちとヨモギ摘みをしました」

と、友子さん。

重曹でのヨモギのアク抜き、ヨモギ餅の作り方を子どもたちに教えたそうです。「そうしたら翌週に、『お母さんと一緒にヨモギ餅を作ったよ！』と笑顔で報告してくれたの。お母さんも作り方がわからないから、ネットを見ながら作ったんですって。おいしくできたと喜んでいました」

と、とってもうれしそう。

世代間交流「夢のかけ橋」を運営するのは、会長の丸山陽子さん。

「始まりは約30年前。小学校の土曜休校が導入され、両親が共働きなどで居場所を失った子どもが街のあちこちでたむろするようになったことがきっかけです」

心配した大人が警察に通報し、補導される子が増えたとのこと。そんな子どもたちの受け皿になればと、丸山さんは自宅を開放して、勉強や遊びができるスペースを作りました。

多いときには50人もの子どもが集まり、みんなで料理をしながら食事をすることもあったそうです。

子ども食堂や放課後子ども教室など、子どものためのコミュニティスペースが増えた昨今ですが、実は約30年前から、そんな居場所作りを実践してきたのです。「今は児童館を借りて、『夢のかけ橋』の活動を続けています。名称に『世代間交流』とあるとおり、子どものためだけの団体ではありません。仕事をリタイアしたシニアの方々の居場所でもあります。彼らの知恵や経験を子どもたちのために活かしてほしい。また、子どもたちはここで学んだことを次の世代につないでほしいと思っています」

地域で子どもたちを見守り、世代を超えた交流を図る「夢のかけ橋」は、中野の子どもから高齢者までをつなぎ、みんなで安心して暮らす街作りを目指しています。

毎月第2日曜日の午後は児童館開放（遊びや学習）、毎週水曜日の14〜16時は花壇整理。そのほか警察署や消防署による安全教室も実施しています。

丸山さんは、友子さんの盟友。50年以上のつき合いです。

「私は昔からボランティア活動などを行っていて、イベントや会の司会をよく任されていました。壇上でマイクを持って話していると、赤ん坊をおぶって、熱心にメモを取る女性の姿が目に入りました。一度や二度ではなく、私の参加する会には必ず現れ取材している。（あの人はいったい誰なんだろう？）と気になっていたところ、区役所のエレベーターでバッタリ出会い、お茶にお誘いしました。それが友子さんとの出会いでした」

10歳違いの二人は意気投合。地方の旧家の出身、家族に教職者が多い、結婚を機に中野に定住など、共通点が多いことがわかりました。

「私も涌井さんも、自然豊かな環境で地域の大人たちに見守られてのびのびと育ちました。そんな環境を中野区にも作りたい。いい社会を作っていきたい。私たちは会うといつもそんな話ばかりしていましたね」

その思いを実現するべく、丸山さんは「世代間交流『夢のかけ橋』」を設立。

「夢のかけ橋」のメンバーたちと。写真の前列左が丸山さん。

その活動をサポートし、子どもたちとふれ合うことは、友子さんの生きがいにもなっているそうです。

「友子さんと出会ってから50年以上の月日が経ちますが、私たちの思いや夢は変わりません。これからは私たちの活動を継承する若い世代を育てていきたいと思っています」（丸山さん）

第3章

人づき合いは腹八分目。これが健康の秘訣です

いつでも出かけられるように朝からお化粧・身支度をしています

私が朝、習慣にしていることがあります。それはお化粧と身支度。お化粧といっても、化粧水と乳液、ファンデーションを塗るだけの簡単なメイクです。

これで、いつ電話で呼ばれても、すぐ出かけられます。

夫は生前、糖尿病で具合が悪くなると、

「今日の取材はお前が行ってくれ」

と、朝、突然、頼んでくることがありました。

それからあわてて支度をしていたのでは、取材に遅れてしまいます。

以来、朝起きたらきちんと身支度をするようになりました。

今でも、ごくたまに、取材依頼の電話が当日の朝にかかってくることがあります。

何が起こってもあわてずに対応できるので、朝の身支度はとてもよい習慣だと思っています。

朝は必ず、植木に水をやって、家の前の道をほうきで掃きます。

「おはようございます」

「行ってらっしゃい」

顔なじみも、名前を知らない人も、家の前を通る人にはごあいさつ。

昔は皆さん、当たり前のようにやっていたことだけれど、最近では言葉をかけると驚かれる人もいらっしゃいます。

洗濯や掃除など、ちゃちゃちゃっと片づけます。

コーヒーをたっぷり淹れて、ポットに。コーヒーの香りに包まれると幸せを感じます。

久美子がコーヒー党なので、朝まとめて淹れておき、仕事をしながら、各自がカップに入れて飲むようにしています。

朝ご飯はパン食。8枚切りのパン1枚をトーストに。ドライフルーツやナッツが入ったグラノーラにバナナを入れて食べます。

骨折をして以来、健康によい食材も取り入れるようにしています。

最近のお気に入りは、チアシード。ゴマのようにプチプチとした食感で、ヨーグルトに混ぜて食べています。

血圧や血糖コントロールに効果がある、食物繊維が豊富なので腸内環境がよくなるなど効能があるとか。身体によさそうなので続けています。

グラノーラにもオーツ麦が入っているので、満腹感はかなりあります。

子どもの頃から、三食きちんと食べるように、特に朝食はしっかり摂るように躾《しつ》けられてきました。

その習慣は変わりませんが、さすがにこの歳になると、たくさんの量は食べられません。でも、いざというときのための腹ごしらえは大事だと思っています。

台所では、てきぱき動くようにしています。部屋が狭いので（笑）。
でも、これも健康法の一つ。

最近はスマホも使えるようになりました。これが脳トレになっているかもしれません

キッチンの続きの間が、「週刊とうきょう」の事務所。大きなダイニングテーブルを久美子と二人で一緒に使っています。道具を脇に寄せれば、あっという間に仕事用の机に変身です。

歳を重ねているうちに、仕事もできるだけ簡単に、便利に……と思うようになりました。

無駄なものは処分して、必要なものだけを身の回りに置いておくと、探す時間や手間が省けます。

ローカル紙はイベント取材も多いので、土・日・祝日も関係なく仕事をしています。その日によって予定は違いますが、午前中は取材、ボランティア活動など。

大腿骨を骨折して以来、自転車に乗るのはあきらめました。杖を持って、リュックを背負って出発です。家から歩いて15分ほどの停留所まで行き、バスに乗って移動します。

昼食は家に戻って食べます。

冷蔵庫にある常備菜や昨夜の残り物など、簡単にパパッと作ります。

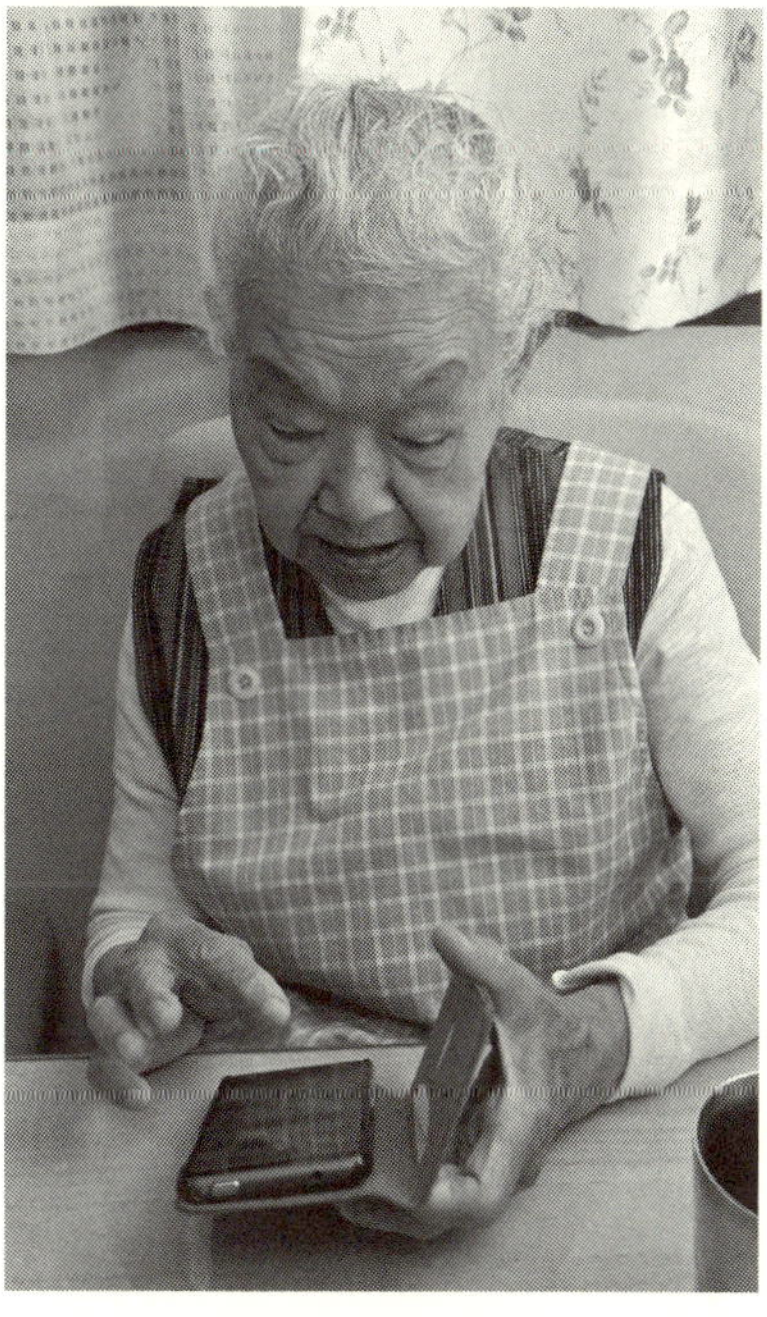

ボランティアグループの会員たちとはLINEで連絡を取り合います。

世代的なものでしょうか、私は一人で外食するのが苦手なのです。

取材が続くときには、区役所の食堂で昼食をいただくこともありました。区役所が新庁舎になってからは、ほとんど自宅で食べるようにしています。

午後、取材や打ち合わせなどを行い、帰宅。

おやつとお茶でひと息入れます。

落ち着いたところで、その日に取材した内容を原稿に書いていきます。だいたい記憶していますが、間違えるといけないので取材時のメモを手元に置いて。

細かい内容は、ＩＣレコーダーの音源を確認します。

レコーダーは一人では操作できないので（ボタンがたくさんあって困ります！）、久美子に再生してもらったり文字起こしをしてもらいます。

最近はスマートフォンも使えるようになりました。といっても、ＬＩＮＥで連絡をするだけなのですが、けっこうハマっています。スタンプなどは使えないのですが、これも脳トレでしょうか。老化防止に一役買ってくれているようです。

三食しっかり食べて一日8時間睡眠。杖を使って懸命に歩く日常を心がけています

「健康でいられる秘訣はなんですか？」

と尋ねられることがあります。

三食ご飯をしっかり食べること、一日8時間眠ること。そして運動。骨折する前は、自転車で中野区中を走り回っていました。あれが私にとっての運動だったのだと思います。

20年ほど前、姉が電動アシスト自転車のほうが楽だからと、買ってくれました。10年ほどするとバッテリーが古くなり、行きは電動で行けても、帰りは自分の足の力で漕ぎながら乗るように。

普通の自転車よりもペダルが重く、運転するのが大変です。自転車を買い替え

のときに「電動だと速度が出過ぎてあぶない」と、普通の自転車に戻しました。でも自転車に乗っていたおかげで、足腰がすっかり鍛えられました。

現在の運動は、デイサービスでの体操。

骨折後、リハビリの延長で通い始めて、今も続けています。

デイサービスでは、簡単なストレッチや筋トレなどを行います。

エアロバイクは、私が一番。（こんなことで競争してもしようがないのにと思いますが、つい一生懸命漕いでしまいます。

そこで気づいたのは、デイサービスに通っている女性たちの足が細いこと。太ももなんて私の半分ぐらいしかありません。

自転車で中野区中を走り回っていたおかげで、この筋肉がついたのだなと思うと感慨ひとしおです。

自転車に乗れなくなってからは、娘たちからウォーキングをするようにと言わ

花模様の杖が私の大切な船頭さん。どこへでも連れて行ってくれます。

れています。

でもね、私、苦手なんです。散歩とかウォーキングとか。

今までは、大抵どこかに向かって、何か目的があって移動してきたでしょう。いつも忙しいので、周囲の風景なんて味わう余裕もありませんでした。

あらためてウォーキングをしようと思っても、なんだかこそばゆくて。目的もなく、ただ歩くということができないのです。

それを知った久美子は、郵便物やちょっとした買い物などを私に頼むようになりました。

「目的があれば、お母さん、歩くでしょう？」

と。確かに、おつかいだったら喜んで歩きます。

出かけるときは、杖をついて歩いています。多い日で一日7000歩ぐらいは歩いているはず。この杖のおかげで、現役生活が続けられます。

人づき合いは腹八分目。
これが明るくおおらかに生きるコツ

「友子さんのように、おおらかに生きるコツは？」

と尋ねられることもあります。

自分では、特に明るいともおおらかとも思っておりません。

でも、ちょっと呑気《のんき》なところがあって、それがおおらかに映るのかもしれませんね。

私の人生は決して順風満帆というわけではありませんでした。

それでも、なんとか前を向いてやってこられたのは、やはり人に恵まれたからだと思います。

私は特に秀でているものはないのですが、中野区に居を構えてからは、本当にたくさんの人たちのお世話になりました。

火事や水害など、人生最大のピンチに見舞われたときには、必ずご近所さんや仕事関係の方々が手を差し伸べてくださった。

（人間って、なんて素晴らしいんだろう。このご恩に見合うような人生を生きなくては）

と、救われるたびにそう思ってきました。

また、トラブルやピンチではなく、日常生活でも私の心を癒やしてくれたのは友人たちとの交流でした。

ローカル紙とはいえ、メディア事業者。一般には入ってこない情報もいろいろ知ることができる立場です。でも、どんなに小さな秘密でも、他に漏らしてはならない。私はそれを自分に課してきました。

たとえば、Aさんの秘密をBさんに漏らしたとします。するとBさんは、私の

取材中、公園でひと休み。一人でいる時間も大切です。

ことを「信用できない人」と見なすことになるでしょう。自分の秘密や悪口もよそでペラペラ話しているに違いないと。

仮にBさんに便宜を図ってそうしたとしても、安易に秘密を漏らす人間は信頼されないのです。

これは仕事だけでなく、プライベート、特に友人関係では大切なルールだと思います。

私は、さまざまな組織・団体、いろいろな分野の友人、知り合いがたくさんおります。そのルールを、すべての人のつき合いにおいて守ってきました。

なんてことのないルールのように思えますが、それを貫くと、皆さんはとても私のことを大切にして、真面目につき合ってくださるのです。


そして、人づき合いは腹八分目に。

どんなに気の合う友だちでも、ほどよい距離感を保つこと。大好きだからといって、必要以上に踏み込んだつき合いを続けていくと、相手の欠点が気になったり、その気もないのに傷つけてしまったり。ろくなことにはならないのです。

腹八分目程度にしておけば、それこそ一生の友だちとしてつき合い続けることができます。

ちょっと疲れたとき、悲しいことがあったとき。ほどよい距離感の友だちからの電話や手紙（今ならメール？）の、さりげないやさしさにどんなに助けられたことか。

この関係性は、お金で買うことはできません。また、一朝一夕に作ることもできません。長い年月をかけて、少しずつ積み上げてきた信頼のもとに成り立つのです。

人生の晩年も、楽しく豊かな日々を送りたい。

そう思われるのならば、皆さんも若いうちから少しずつ準備してみてはいかがでしょうか。

Column

年一回の仲間たちが集う「ワクワク会」（編集部より）

交友関係が幅広いことで知られる友子さん。

仕事柄、区役所や警察署、消防署、区内の団体など、さまざまな組織を取材しては、そこで出会った人たちとの縁を大事にしてきました。

そんな友子さんの仲間が年に一度集まる会があります。

4月29日はかつての天皇誕生日。現在は「みどりの日」と呼ばれる祝日です。実は涌井友子さんの誕生日でもあるこの日に、毎年友人たちが集います。その名も「ワクワク会」。友子さんの名前から命名されたとか、しないとか、定かではありません。

「もともとは、山の仲間の会でした。山歩きをして、山菜を採る。採れたての山菜を天ぷらにして食べたりして。バーベキューやタケノコ掘りをしたり、大人が山遊びをする会です。40年ぐらい前に始まりました」

と語るのは、高尾山で山岳ガイドを務める反町良一さん。山の会には、登山家の田部井淳子さんも参加されたことがあるそうです。

やがてその会に、友子さんの友だちが参加するように。

「中野区役所の課長さんや消防署の署長さん、『夢のかけ橋』会長の丸山陽子さんなど、興味のありそうな人に声をかけたら、みんな喜んで参加するようになったんです」（友子さん）

現在「ワクワク会」のまとめ役を務めるのは山下清超さん。

「40年以上前、私は中野区役所の職員。広報部で仕事をしていました。そこに毎日のように涌井さんが現れる。まだ学齢前の女の子の手を引いてね。後年は『かあちゃん記者』としてマスコミで取り上げられたりしましたが、当時は（なんでこんなちっちゃな女の子を連れてここに来るんだろう）と気になる存在でした。

ただ、ひたすら懸命に取材したり、新聞を配ったり。とにかく一生懸命だということは伝わってきました。親しくさせていただくようになると、お話に味がある。そこが涌井さんの魅力ですね。中野区の皆さんとのつながりを作ってくれたのは涌井さんです。また人脈もすごい。あるとき『みんなで山に行く会がある』って言うから、『じゃあ僕も連れて行って』って。それからこの会に参加するようになりました。30年ぐらい前に、涌井さんの名前をとってか、『ワクワク会』となり、私は皆さんの連絡係を拝命しました」（山下さん）

「私は中野消防署に勤務した際に、涌井さんと知り合いました。部屋に山の写真を飾っていたところ『署長さん、山がお好きなんですか？　山の会があるんですけどいらっしゃいませんか？』と誘ってくださった。そこからこの会に参加して、楽しい時間を過ごす仲間に恵まれました」（原山金三さん）

「まだまだみんな若かったからね。元気いっぱいでした。スノーシューで雪上を歩いて遊んだり、温泉に行ったりしたこともありました。山遊び野遊びも楽しいけれど、なんといってもお酒を飲んでおしゃべりするのが最高に楽しい。皆さん、警察署や消防署、区役所などにお勤めで、だんだんと偉くなっていきましたが、『ワクワク会』では昔のまま。冗談を言い合って、大笑いしています」（「夢のかけ橋」代表・丸山陽子さん）

さすがに40年に及ぶおつき合いの面々。思い出話に盛り上がり、話が尽きることがありません。最後は、「ハッピーバースデートゥーユー」を歌いながら、友子さんに花束贈呈。友子さんは、お礼の言葉を述べました。

「今日で93歳になりました。自分でも考えていなかったぐらい長生きをしております。皆さんに大変助けていただいて。『週刊 とうきょう』は今年で創刊50周年になります。『ワクワク会』は私の大好きな会で、子どもたちの手が離れた頃に『誕生日は私の自由にさせて』と約束して参加するようになりました。今日はその約束どおり、気兼ねなく楽しませていただきました。夫が亡くなって、自分のやりたいことをやってきた感じです。耳も遠くなり、杖がなくては歩きもおぼつかな

「ワクワク会」の皆さんと一緒に。なんでも言い合える気の置けない仲間です。

い。何かにつけてみなさんのお支えがあったからこそ今日があると思い、感謝しております。今後ともどうぞよろしくお願い申し上げます」

素晴らしいお仲間とご一緒に、最高の誕生日を迎えることができました。

第4章

昭和、平成、令和。私が歩いてきた道

「友だちがたくさんできるように」。父の願いが私の名前の由来です

1931（昭和6）年4月29日。

私は静岡県藤枝市で家族みんなの笑顔に迎えられて誕生しました。

「友子」と名づけたのは父・廣瀬素行《もとゆき》。生まれた年月日、画数、呼ばれ方などいろいろと調べて名前をつけたそうですが、「友だちがたくさんできるように」という思いが込められているということを、後年知りました。

この歳になっても友だちが多いのは、親がつけてくれた名前のおかげかもしれません。

母・廣瀬きよは7人の子どもを産みましたが、幼くして長男と三男は亡くなってしまいました。

昔、栄養不良や感染症で子どもが亡くなるのはそう珍しいことではなかったといいます。我が家は姉二人、兄、私、弟の五人兄姉。私は体が小さく、病弱だったので苦い漢方薬を飲まされていました。

藤枝は、東海道五十三次の品川から数えて22番目の宿場町です。山と沿岸部をつなぐ道が交差する土地で、山の幸や海の幸が商いされ、多くの旅人や商人で賑わったといいます。

そこから2キロほど離れた、かつて田中城があった土地に我が家はありました。戦国時代、今川、武田、徳川と主が変わった田中城。徳川家康が鷹狩りの際宿泊したことで知られています。

明治維新後は廃城となり、廃藩置県後、そのお堀端に5軒の家族が他から移り住みます。

私の曽祖父は山梨から、1軒おいて母の実家は江戸から、すぐ隣は尾張。それぞれの家庭で言葉も風習も違う。もともと、藤枝に住む人たちからは、その一帯は「城内」と呼ばれていました。

300坪ほどの土地に、父の時代に静岡県知事の古い公舎を友だちと半分ずつ譲り受け建て直した日本家屋、祖母を入れて八人家族が暮らすには十分でした。子どもたちにとってうれしかったのは、庭が広かったこと。家の周囲は緑に囲まれており、季節の草花や樹木、ミカンや柿などの果樹が点在していました。私たちにとっては最高の遊び場です。

隣の男の子の家に、弟と一緒に藪をくぐって遊びに行ったりしていました。幼い頃はもっぱら弟が遊び相手。私は男の子のように、庭を走り回っていました。喧嘩をすると弟が叱られて、私が謝って物置から出してもらうのが常でした。

小学校は、田中城の本丸の跡に建てられていて、家にいても、授業開始や終わりの鈴《れい》の音が聞こえます。城があった頃の名残で、堀を渡っては行けず、正面の門から登校すると私たちの足で5分くらいかかりました。

学校の鈴が聞こえると熱があっても登校してしまい、体温が38℃を超えると校

弟と一緒に、5歳の頃（左）。いわゆるおてんば娘でした。

務員さんに背負ってもらって帰宅することもありました。申し訳ないことをしたと今は思います。

「女性が外で働くのは当たり前」。そんな家庭で育てられました

私の父は県庁に勤めていました。農林部の肥料課です。

そのせいか、小作さんたちが納めたお米を品評して、一番よくできた家には「ご苦労様」とお土産をあげて、家で宴会をやったりしていました。

母は教員でした。

当時、結婚後も女性が働くのは珍しいことだったと思います。

でも祖母は、

「せっかく学歴があるのだから仕事を続けなさい。家や子どもたちのことは私がやるから」

と母の背中を押したそうです。

13歳で廣瀬家に嫁いだ祖母は、読み書きそろばん、すべて祖父に習ったと言います。自分も教育を受けて、仕事がしたかったのかもしれません。

母の姪も、教員や和裁など、なんらかの仕事をずっとしていました。

叔母は農家に嫁ぎました。農繁期になると、

「日曜には、叔母さんを手伝っておいで」

と言われて、2キロほどの道を歩いていき、田植えや稲刈り、昼食作りを手伝いました。

昼食は田んぼの畦道で食べました。藁で火を熾《お》こしてご飯を炊き、裏の川でしじみを取って味噌汁に。藁でご飯を炊くのは大変でしたが、外で食べるご飯はとてもおいしかった。

子ども心に（農家の女の人はよく働くな）と感じたものです。

だから私は、女の人が外で働くのは当たり前のことだと思っていました。

結局、母は兄が生まれるまで、18年間教員として勤めていました。姉たちが乳

児の頃は、お手伝いさんに学校に連れてきてもらって乳をあげる。お手伝いさんの給料は母が払っていたそうです。

廣瀬家は元が武家だったためか、暮らしの隅々に古いしきたりが息づいていました。

大晦日、お櫃《ひつ》には少しだけご飯が残っています。

それは、城の一大事に駆けつけるとき、何も食べさせずに主人を送り出すのは妻の恥だからだそうです。

そんな家だったので、父親が帰宅したときには、母は正座して畳に手をついて迎えるのが常でした。

廣瀬家は、家族仲よく、おだやかな暮らしをしていました。

家には仏壇がなく、神棚が設えてありました。神道の家で、お供えやお参りは欠かしません。

兄が小学校高学年のときのこと。

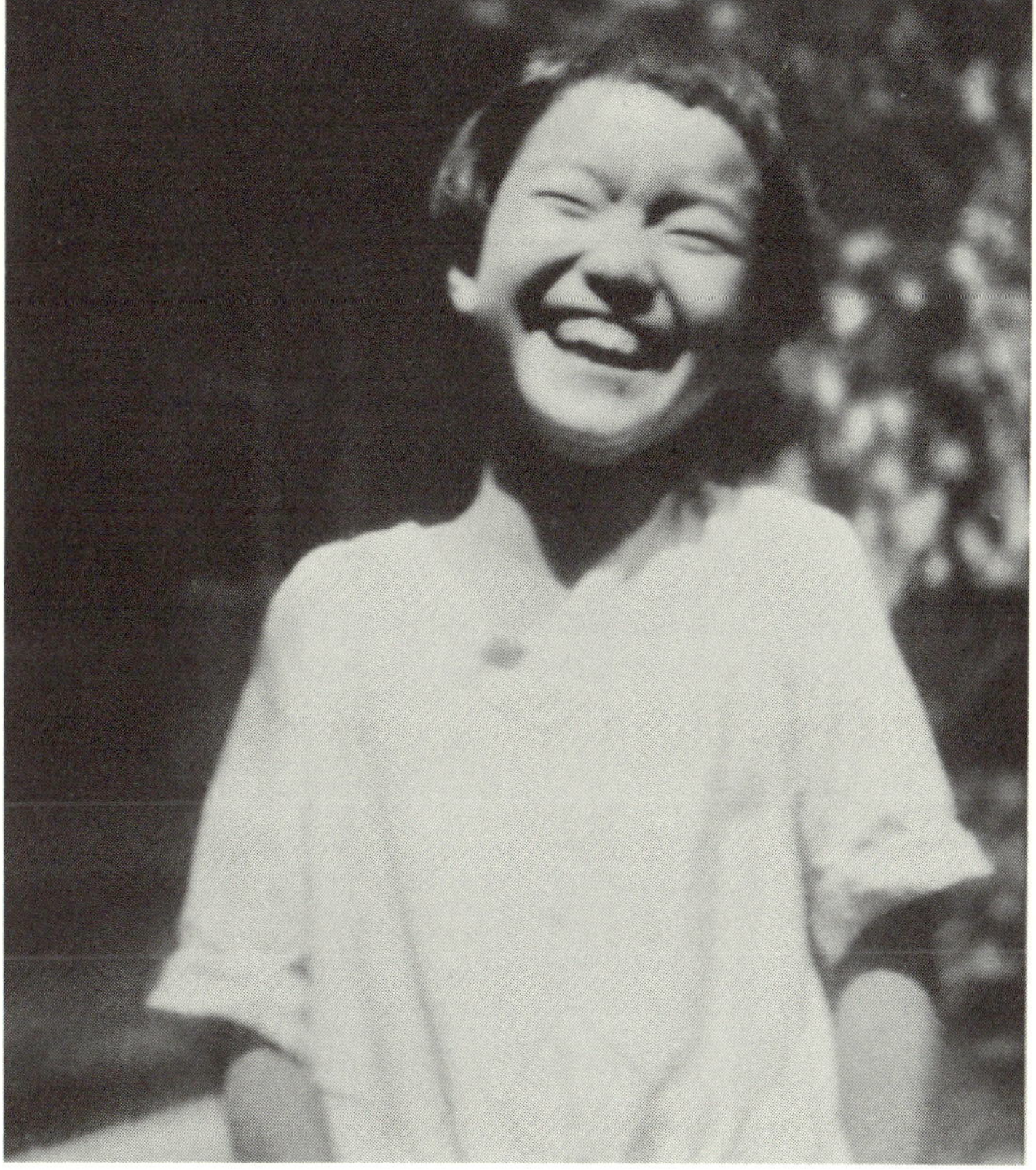

11歳の私。家族仲よく幸せな子ども時代でした。

神棚のある部屋に、家族全員が集められました。その日、兄は近くの川に泳ぎに行って、夕方遅くに帰ってきたのです。

いつもは温厚な父が、厳しい顔をして口を開きました。

「こんなに遅くに帰ってくるなんて。親はもちろんのこと、きょうだいもとても心配した。どんなことがあっても、人を心配させたり、迷惑をかけたりしてはいかん。絶対にだめだ。みんなわかったな」

ただならぬ空気に、子どもたちはすっかり緊張してしまいました。

小学校4年生の私も(人を心配させたり、迷惑をかけたりしてはいけないんだ)と胸に刻みました。

「撃ちてし止まむ」のスローガンの下、女学校のときに学徒動員で農家へ

1944（昭和19）年4月、県立藤枝高等女学校に入学。新入生は100名。1名も補欠を取らない学校でした。各小学校からは、1〜2名しか女学校に進めません。私の母校からは5名進学しました。

近所に同級生がいました。そのお母さんが、「友子ちゃんは行けたのに、一緒だったらよかったのに」と悔しがっていて、私は気の毒でその家の前をなるべく通らないで、農道を通って登校しました。

私は背が小さいので最前列。でも声がすごく大きくて。

「そんなに大きな声を出さなくてもよろしい」

と先生に言われたこともありました。

姉たち二人は師範学校卒業です。私も同じように師範学校に入りたかったので、音楽の先生にお願いして、ピアノもバイエルの基本から学ぶことに。

しかし、1941（昭和16）年に始まった太平洋戦争の戦況はいよいよ厳しくなっていきました。

私は自分が軍国少女だとは思っていませんでしたが、日本は敵国に勝つはずだと思っていました。周囲の人たちもそうだったと思います。

小学校4年生になると女子は薙刀《なぎなた》、男子は剣道が必修科目。その意味など知らずに、真面目に練習を続けていました。

「撃ちてし止まむ」のスローガンの下、学徒出陣に続き、女子の学徒動員も決定。バイエルはおろか、勉強さえもままならない時代でした。

繁忙期には、農村動員で農家に派遣されました。田植え、お茶摘み、稲刈り、麦踏み。男子が戦場に行った農家の人手不足を補う作業に駆り出されていました。

敵機襲来で、空襲警報のサイレンが頻繁に鳴るようになりました。

登校時、空から飛行機の爆音が聞こえてきました。

私は田んぼの畦に伏せました。息を止めたままじっと動かないでいました。今思えば偵察機だったのでしょうか、1機だけのようでした。恐る恐る空を見上げると、戦闘機に乗っているアメリカ兵と目が合ったと思いました。怖くて怖くて、田んぼと畔の間に身を低くして、小さくなって、戦闘機が過ぎるのを待つしかありませんでした。

本土まで敵の飛行機が来るとは、これはもうただ事ではないと思い始めたのもこの頃です。

焼津港の近くに高草山という丘陵があり、山を越えたら静岡市。翌日、静岡市街が大空襲で一面火の海になり、夜空が真っ赤になったのを覚えています。

その際、静岡市内の叔母の家は焼けてしまいました。

叔母と叔父は、小学生の女の子二人、学齢前の男の子二人を連れて、東海道の旧道20キロを、実家のある藤枝まで夜中に歩いて来たといいます。たどり着いたときは着のみ着のままでした。

もう一人の叔父は、南洋の百貨店に勤めていました。

戦争が始まると帰国できなくなり、通訳として現地に残りました。

母は気の毒に思って、すでにその家族六人も受け入れていましたが、叔母が焼け出されてからは、叔父の家族はお寺にお願いして住まわせていただきました。

私の実家では、少しの田畑を小作さんにお願いしていましたが、食料が不足し始め配給時代となり、貸していた田圃一反、畑三畝《せ》を返してもらい、農業をしたことのない母が中心となり農業に励みましたが、姉二人は家を出たので、我が家五人とさらに十二人に満足な食事を提供するのには苦労していました。

叔父や叔母は実家を頼りにしているだろうというのが、母のやさしさです。

叔母は万が一に備えて少し和服を実家である廣瀬の家に送っていたので、一人

日本が戦争に負けるわけがないと思っていた女学生の頃。

でその着物を農家に持って行き、食料に変えていました。

戦前、父は夏休みになると従兄弟たちも一緒に家族旅行に連れて行っていました。

だから、私も弟妹のように接しており、家に何人来ようが、弟や妹が増えたくらいにしか感じていませんでした。

家にはおもちゃなどはありませんでした。そこで、小さい子には桜のヤニを取って遊ばせ、石蹴りや縄跳び。また竹を削って「竹返し」という遊びをするなど、戦時中も物がないなりに工夫して楽しく遊んでいた気がします。

リウマチにかかった母の代わりに家事を自分が引き受けることに

１９４５（昭和20）年、やっと戦争が終わりました。

二人の姉は、師範学校を卒業後、教員として勤め、戦時中に陸軍将校と結婚し、静岡を離れていました。

兄は海兵隊に志願して師範学校の途中で入隊。戦地に行く前に終戦を迎え、師範学校に復学しました。

私が女学校３年生の１９４６（昭和21）年には、父が県庁を退職しました。

１９４７（昭和22）年の春先のある日。

母は風邪気味で、父の帰宅時に玄関に迎えに出てきません。そんなことはかつて一度もなかったのです。

父は、

「亭主が帰ってきても迎えにも出ないのか？」

と一言不平をこぼしましたが、

「風邪なら早く寝なさい」

と応接間に入ってしまいました。初めて見た夫婦喧嘩です。

まさか、次の日から母が手も足も動かせなくなる急性リウマチになるなんて、誰も思わなかった。


それからは、家の中のことはすべて私がすることになりました。学校どころではありません。

父は退職をしたものの、選挙管理委員や農協などの仕事で忙しい。でも私が留守の間は母を見てくれるといいます。

私は朝食を作り、弟のお弁当を作り、寝たきりになった母に、何か栄養になるものを食べさせなくてはなりません。

母が動けなくなり、父も看病をしてくれましたが、食事作り、洗濯、そのほか田畑の仕事も私がやらなくてはなりません。

女学校4年生の私は「勉強したい」と何度思ったことか。

母が寝ている部屋の廊下を隔てて庭がありました。

障子越しに、

「梅はどうやって漬けるの？」

「塩はどれくらい？」

と口伝えで、梅仕事やタクアン漬けなどを母から教わりました。

夏の大掃除には、一人で48枚の畳を上げて、庭に干しました。何もかも一人でやらなくてはなりません。

慣れない家事と看病に追われていました。

母は7カ月病床に伏し、1947（昭和22）年11月に55歳で亡くなりました。

父は「まさか俺より早く亡くなるなんて思ってもいなかった」と号泣していました。

長い戦争からようやく解放された日本人を待っていたのは、過酷な食糧不足でした。

駅弁のご飯をひと粒残さずきれいに食べるのは、戦争を知っている人、といわれます。

米は88（八十八）回人の手がかかっているのだから、粗末にしてはいけないと、祖母に聞いたこともあります。

今は機械が発達して、田植え機で短時間に大量の田植えができます。稲刈りも随分効率的に行っているようです。

現代は、お金さえあれば……という時代になり、勤労の大変さも理解できないでいることが多いのではないでしょうか。

昔は、女性も天秤棒で人糞を運んだし、大掃除のときには畳を何枚も庭に干し

母がまだ元気だった頃、家族に囲まれて。前列右が私。

たものです。小柄な私でもお米一俵（60キロ）は担げました。すべて、人の力に頼っていました。

お餅も石の臼でつきます。女学校2年生の頃から、年末には兄がつき手で、私が手返しをするようになりました。できたお餅は、お供えやのし餅にしました。

代用教員として採用されて、あこがれの「女先生」に

戦後の日本では、GHQが学制改革を推進していました。

1947（昭和22）年、新制中学、翌年新制高校などができ始めましたが、「4年生では卒業証書は渡せない」と学校長は言いました。

父たちは、何度も校長先生を訪ね、なんとか卒業させてほしいとお願いしてくれました。けれど、同期の約30人は、修了証書を少し大きくしただけで妥協せざるを得なかったのです。

女学校に5年通ったら旧高等女学校としての卒業、6年通ったら新制高校卒業になるとのこと。私たちのクラスは、3回に分かれて卒業しています。

私の学歴は、静岡県立藤枝高等女学校4年生修了、ということになりました。

ある日、隣村の豊田小学校から、

「代用教員として採用したい」というお話をいただきました。

正規の男の先生たちは戦争に駆り出され、まだ復員していません。彼らが戻ってくるまで、子どもたちを教える教員が必要だということです。

代用とはいえ、あこがれの教職に就けるのはうれしい。

一瞬そう思いましたが、よく考えると女学校時代は戦争でほとんど授業がありませんでした。さらに私は母の看病と家事に追われて自習もしていません。師範学校に行ったわけではないので教え方もわかりません。

それでも、生まれて初めての就職です。月給は700円。

「こんなにもらっていいんですか？」

と聞くと、

「返してくれてもいいよ」

と笑われました。

それまで、紙幣をやり取りすることがほとんどない生活を送っていました。1カ月で700円が高いのか妥当なのかもわからなかったのです。

受け持ちは小学校2年生。子どもたちの中には1から10までの足し算、引き算すらできない子が七人いました。

また、当時は戦後の食糧難の時代。子どもたちは、農家ででもなければお弁当も持ってこられません。幸い自分で煮炊きのできる私は、おむすびを作って持っていき、子どもたちに食べさせました。

算数は黒板に書いただけではわからない子もいます。そこで、ドッジボールをして、いくつ勝ったとか負けたと数えることで足し算引き算を覚えさせました。

鉄棒の逆上がりをどう教えていいかわからず、自ら下駄を脱いで逆上がりをして見せて教えたりしていました。すると、それを見た校長先生に、

「あなたは女先生だから、逆上がりまで自分でやって教えなくてもいい」

と言われました。

私としては、子どもたちにどう教えたらいいのか、どう叱ったらいいのかがわかりませんでした。

教壇でいたずらをした男子児童を教え諭そうにも、なんと言っていいのかわからない。一緒に正座して叱っているうちに、ボロボロと涙がこぼれてきたこともあります。

勉強や運動を指導するには、自分が理解するだけでなく、それを教える技術が必要なのだと痛感しました。

教える立場の人間は、3倍の知識が必要なのです。

その頃、藤枝東高等学校に定時制クラスができると知って、夜間部に入学しました。

定時制は、軍隊から戻った郵便局員や会社員、新制高校に行けなくて高等科修了で就職した人たちが学んでいました。

女性は私を含めて五人。男性は18歳から40歳くらいの人たちで、1クラスだけでした。

1時間目は体育。サッカーの名門校だけに、暗くならないうちに男性は運動場でボールを蹴ります。

でも皆、勤め帰りなので、履いているのは下駄や革靴。裸足でボールを蹴っていると、先生は、

「お前たちは鶏か」

とおっしゃいました。

女性は五人だけで卓球をしました。

1年生の夏休みには、皆「修学旅行に行っていないから」と、夜行で江の島へ。ボートを借りて乗ろうということになりました。海水浴も兼ねていたので、皆水着を用意していましたが、女性たちは浜辺に残りました。私は泳ぎたかったので、水着を用意してボートに乗りました。でも周りは男性ばかり。勢いでボートに乗っ

たものの、だんだん恥ずかしくなってしまい、海へ飛び込んで一人浜へ向かって泳ぎ出しました。

皆の呆れた顔を思い出します。

就職したばかりの頃。やっと日本に自由な日々が訪れました。

代用教員を経て静岡鉄道に就職。6年間、青春時代を謳歌しました

朝洗濯をした後、豊田小学校で授業。夕方帰宅するとお風呂を沸かし、夕食の支度。それから定時制高校へ行きます。

夜帰宅すると、洗濯物を畳んだり、翌日の準備をしたり。自分の時間など持てませんでした。

弟はまだ中学生、兄も学校に勤め始めで余裕がありません。当時は、男性に家事を協力してもらうなんて思いもよらないことでした。

2年目の受け持ちはありませんでしたが、一番苦手な図工と理科を4年生に教えることになりました。

教科書に星座が出てきたときは困りました。

定時制高校の理科の先生にお願いして、

「明日、教えなくてはいけないので」

と教えていただいたりして、なんとか1学期を終えました。

夏休みに入り2学期の支度をするために豊田小学校に行くと、校長先生から、

「2学期からは来なくていいよ」

と勤務を断られました。校長会の通達だと言うのです。

同じ小学校でも、商業科を出て代用教員となった人は、同じ4年制でも卒業証書を持っていたのでそのまま勤務できます。私には卒業証書がないからという理由でした。

私だってできることなら勉強して、卒業したかった。

本当に悔しかった。泣きながら家路を辿りました。

父にそのことを伝えると、

「校長先生と喧嘩したか？」

と聞かれました。

「喧嘩はしなかったけれど悔しい。なぜ、守ってくれなかったのか」

と答えると、

「そうか、喧嘩をしてこなかったんだね、それでいいよ」

と父は言いました。

（どうして？）という疑問だけが残りました。

あのときの悔しさは、今も忘れられません。

定時制は4年間通って修了となります。

ところが、父が肺結核になり寝込んでしまって、通えなくなってしまいました。

でも、不思議ですね。ご縁があって、1952（昭和27）年3月、静岡鉄道への就職が決まりました。弟も高校を卒業し、就職することに。

父は、弟と私の当座の就職が決まったことでほっとしたのかもしれません。

医者である叔父が様子を見にきてくれた折、弟や私に向かって、

「君たちが仲がよいので、兄貴は安心したようだね。少し喧嘩でもしたら心配になって、寿命を延ばせるかもしれないよ」

と、冗談を言って帰っていきました。

その言葉で、弟と私は、そろそろ覚悟をしなくてはならないだろうと思いました。

それからほどなくして、1952（昭和27）年3月に父は死去しました。

葬儀もなんとか済ませた夜、一番下の叔母が、

「雨戸を全部閉めなさい」

と言いました。

全部閉め終わると、「待ってました」とばかりに冗談を言い始めて、皆を笑わせます。叔母としては、人生の節目に、若い甥や姪がどんなに心細いかを知ってのことで、元気づけようとしたのだと思います。

隣家とは少し距離があっても、笑い声が聞こえたら世間体が悪いと思ったのでしょう。叔母のやさしさに頭が下がりました。

静岡鉄道での配属は総務課の受付。

席に座ると窓から道を通る人の顔が見えます。

人事課長に、

「黒ちゃん（母の呼び名）の娘だね」

と言われたほど、母の教員の頃の面影があったのでしょう。ある日、その人事課長に、

「受付がいやなのか？」

と聞かれました。

仕事中、窓の外を見て涙ぐんでいる私が気になったとのこと。

「いいえ、嫌ではありません。ただ、父と同じくらいの年格好の方を見ると、つい思い出して。ごめんなさい。気をつけます」

と答えました。

受付の仕事は、お客様のご用件を伺い、その部署に連絡してご案内をします。

社内の電話を覚えることから始めました。

わからないことがあったら、すぐに総務課に問い合わせます。

同期の人でも3歳くらい下ですが、今でも電話や手紙で友情が続いています。

当時、私は20代。働けて給料をいただけるだけでありがたい。

それだけでなく、男性はブラスバンド、女性はコーラスのクラブ活動に参加できました。また、バスにテントを載せて、同僚の実家の山などにキャンプに出かけたこともあります。

二人乗りの自転車で、静岡市内から沼津までサイクリング。観光課長と一緒に、箱根縦走をしたり、フォークダンスを新入社員に教えたり。俳句や短歌のクラブ活動に誘ってくださったこともあります。私たちは健全な青春時代を謳歌していました。

そんな私の青春時代は、6年間続きました。洋裁の夜間塾に通い、女学生の頃できなかったお稽古事もできました。

自分の給料は、その一部を食費として義姉に渡します。母親が亡くなっていて何も習っていないと言われないように、嫁入りに必要な最低限のことは自分で学ぶしかないと、私は自分にハッパをかけていました。仕事に、お稽古事に、と忙しい日々が続きます。勉強がしたくてたまらなかった戦時中、家事や看病に時間を取られていた日々。これまでと比べると雲泥の差です。

若さゆえ、少々疲れても一晩寝ればすぐに元気になって、出社していました。その後、私の人生は決して順風満帆とはいきませんでしたが、
「私にはよい青春時代があったのだから、これぐらいの苦労は当然」
と思うことができました。

私の記憶の中で、きらきらと輝いているあの青春の日々は、何物にも代え難いものです。

毎日帰りが遅く嫁に行かないでいる私のことを、

「何しているんだか！　嫁にも行かないで」

と近所の人が言っていると実家の義姉から聞きました。

それ以来、私は、

「ずっと実家にいるわけにはいかない。潮時があるのだから」

という思いを抱くようになり、結婚を意識するようになりました。

当時は、男女を問わず、それなりの年齢になったら、結婚するものだとみんな思っていました。家を出て、新しい所帯を持つ。自分たちの家庭を築くのが当たり前。

いつかは私も結婚して、実家を離れ、子どもを産んで育てるのだろう。ぼんやりとそう考えていました。

とはいえ、相変わらずキャンプや山歩きなど、青春の日々は続きます。

当時は私鉄の労働組合の関係で、ほとんどの私鉄に社員パスで乗ることができました。

それを利用して、2カ月に一度くらい、長姉のところに行っていました。友人三人と奈良の伯母を訪ね、ついでに京都まで足を延ばしたこともあります。

また、衆議院議員選挙の折には、会社から1カ月選挙事務所に派遣されたり、私鉄組合の選挙活動に動員されたりして。まさか、そんな経験が、後年ローカル紙の仕事に役立つことになるとは。

折々のご縁があって、今があるのだと思います。

仕事、趣味に没頭できた貴重な6年間を過ごしていた頃。

いつの間にかお見合いの席に。運命に逆らわず、結婚へ

静岡鉄道に勤務していた頃、観光課の課長さんが、短歌の会に誘ってくださいました。私はその頃、短歌にも夢中でした。

「中央短歌会」という会の静岡支部。その本部は東京都中野区天神町（現在の中野5丁目）にあると聞いていました。集会は旧中野区役所の離れの日本家屋で行われていました。南口にある、今は中野郵便局がある場所です。

私は私鉄の社員パスを使い、小田急線の多摩川沿いに住む次姉の家に一泊させてもらって、「中央短歌会」の会合に出席しました。

その短歌会には、中野のローカル紙「中央新聞」社長の武藤武史さん、「サンデー中野」の立田義徳さんも参加していました。

高尾山に吟行に行った帰りのこと。

「中央新聞」の武藤社長に、

「廣瀬さん、ちょっと寄らないか?」

と事務所兼自宅に誘われました。

武藤社長は、奥様の愛子さんを紹介してくださいました。話をしているうちに、社員が帰ってくる頃だと言います。

それがお見合いだとは露知らず。

そこにやってきたのが、涌井啓権。

紹介されても一言もしゃべらない。何か気に入らないことがあったのか、ぷいっとすぐどこかに行ってしまいました。

その後、武藤さんに、

「頼むから僕の言うとおりに書いてくれ」と紙を渡され、何がなんだかわからず、短い文章でお礼を書いたような気がします。

数日して、手紙が届きました。先日紹介された社員の涌井さんからです。

「もう一度会ってほしい。東中野の駅で待つ。　涌井」

とあります。

私は、指定された日時に東中野の駅に降り立ちました。東中野の駅には改札が二つ、出口が四つあるとも知らずに。

双方が違う改札口で1時間ほど待ちぼうけをくわされて、ようやく日本閣へ出る改札口で出会うことができました。

その後連れて行かれたのが、江古田（東京都中野区）の彼のお姉さんの家です。お茶をご馳走になって、おしゃべりをして帰りました。

その後も、涌井と会うのは江古田のお姉さんの家でした。

今思うと、当時彼は喫茶店でお茶を飲むお金もなかったのでしょう。その頃、涌井は集金先の奥様に私の写真（武藤さんからもらったらしい）を見せて、

「僕、この人と結婚するんです」

と言っていたとか。後になって聞いた話です。

静岡鉄道の初任給は、6000円と少し。6年目には1万2000円くらいになっていて、女性一人ならなんとか暮らせる時代でした。給料は、1年ごとに1000円ぐらい上がっていました。

涌井の兄は20歳も離れていて、当時ほとんどつき合いがなかったそうです。そこで姉夫婦が涌井を連れていって結婚のお許しをいただいたということでした。

何しろ、涌井が東京に出てきたのは小学校5年生のとき。

雪のたくさん積もる新潟県の山間部出身で、冬を越すにも、病気がちの母親を抱えて大変だったろうと思います。

義兄も心配しながらも、迷惑がかかることは困ると思っていたようです。

母親がこの世を去ってから気持ちが荒れていたこともあって心配だったと、義兄が十年後に話してくれました。

涌井の家族は、1940（昭和15）年、父親の兄弟や長男を頼りに上京し、渋谷区笹塚で終戦を迎えました。母親を1944（昭和19）年、父親を1954（昭和29）年に亡くしていました。

私も両親を亡くしていて、故郷に頼れる人はいません。いつの頃からか、彼と自分の境遇を重ね合わせていました。

本人は、東京・新宿の逓信青年訓練所を出て郵便局に勤めたけれど、同僚の肩を持って上司に意見したとのことでいづらくなったと言っていました。

その後、選挙の手伝いなどもしていたらしいです。

今と違って、当時は「結婚適齢期」なる言葉があり、周囲に独身の男女がいると、大人たちが結婚するように仕向けることはよくあることでした。まったくの善意で行っていたことです。

それだけでなく、「中央新聞」の社長が私に涌井を紹介したのは、会社の事情もあったのかもしれません。人を増やすことができないローカル紙で、結婚させ

この先、どんな苦労が待ち受けているか、この頃は想像もしていませんでした。

て、妻を働かせて歩合給だけを支給すれば人件費がかからないと思っていたのだと思います。

1958(昭和33)年当時、中野区内にローカル紙は7紙あり、作っているのは、戦後の世の中を泳いで渡るような感じの人たちでした。静岡鉄道の受付を6年間経験して、ローカル紙などのいやな部分を知っていたのに、なぜその世界に入ってしまったのでしょう。

涌井が将来の夢を語ってくれたからかもしれません。私は静岡鉄道を寿退社しました。結婚したら会社を辞める……。これも当時の女性にとって、当たり前のことだったのです。

右も左もわからないまま新聞購読料の集金係になりました

結婚した翌日から、私は「中央新聞」購読料の集金係になりました。まさに右も左もわからない中野の街を、もらった地図と住所録を頼りに一人で自転車で走りました。

集金の方法も教えてもらえず、とにかくやれと言われたので、やるしかない。そのとき、私はまだ「中央新聞」を読んだこともありませんでした。社長と夫人に言われたとおりに、購読者の家を回ってお金を払ってもらっていました。知らないということは恐ろしい。でも、知らないからこそできたのかもしれませんね。

少しずつ集金係に慣れてきた頃、ある広告主の会社に伺いました。するといきなり、

「お前のところはなんだ！　あんな記事を載せて！」

とすごい剣幕です。

なんで怒られるのかもわからず、とりあえず謝って、一目散に会社に戻りました。

夫に聞いたところ、前号でその会社にとって否定的な内容の記事を掲載したらしいのです。

「ペンは怖いものだ。人を生かすことも、殺すこともできる」

と、夫は厳《おごそ》かに言いました。


藤枝から初めて東京に来たとき、信号機を見て驚いたことを思い出します。車がたくさん走っていて、歩道にも大勢人が歩いている。藤枝では見たことのない風景でした。

物価が高いのにも驚きました。

うちの畑ではたいがいの野菜は採れました。春には庭の隅でタケノコ掘りも。

ミカンや柿などは、庭になったものしか食べたことがありません。青果店の店先にミカンが並んでいるのを見て、目を疑いました。ミカンを1個10円で買うなんて！

藤枝では庭の茶葉を摘んで、共同の工場に持っていけば、翌朝には製茶されています。

弟が養鶏場に勤めるようになり、鶏の絞め方を教わりました。裏庭で飼っていた鶏は、戦中戦後の重要なたんぱく源でした。

うなぎが高級食材なのも驚きました。静岡ではうなぎは庶民も食べるものでした。夜、川に竹籠を仕込んでおけば、朝には1尾ぐらいは獲れました。頭を押さえて、カボチャの葉で包んでおとなしくさせてから捌く。これも母に教わったこと。

そもそも藤枝では、お金のやり取りがほとんどない生活をしていました。母が病気になってからも、鮮魚店や精肉店で買い物をしましたが、お金を払ったことがありません。近所の人は皆顔がわかっているので、ツケになっていたのかもしれません。私が知らないところで、父がまとめて支払っていたのでしょう。だから、値段を気にしてものを買う経験が私にはほとんどなかったのです。

でも我が家の場合、夫の月給と私の歩合給では、家計をやりくりするのが本当に難しい。そこで故郷での暮らしとは一転、値段を確かめて買い物をするようになりました。

集金をするときも、(歩合給40円で豆腐1丁、コンニャク1枚)と頭の中でいつも計算していました。

夫と所帯を持って以来、やりくりに苦労しない日はありませんでした。それでも苦しいとかつらいと思わなかったのは、お金を気にしないで育ったせいからかもしれません。

結婚早々、知らない土地で集金するなんて。

姉や兄弟親族は驚いたかもしれない。でも、私は平気でした。

故郷は世間が狭かったから、どこの誰かはすぐわかります。いつも人の目を気にして行動しなくてはなりませんでした。

でも、藤枝から東京は遠く、人口も比べられないほど多い。誰も私のことなど気にしていないので、かえって気が楽でした。

ところがある日、中野の青果店で代用教員時代の教え子のお母さんにバッタリ。また別の日、集金にお伺いしようとしたお宅の玄関先で懐かしい言葉が耳に入ってきました。静岡弁です。

そのお客様が帰られてから奥様にご出身を伺ったら、藤枝だと言います。教育委員会の委員長であるご主人が藤枝のご出身。たまたまご在宅だったので紹介してくださいました。立ち話をしているうちに、私の父の知り合いだとわかりました。

「なんで廣瀬さんのお嬢さんが東京で集金しているの」

とおっしゃるその方の目には、同情が溢れていました。

ほかにも、中野を走り回っていると、静岡県出身の方、私の兄姉や親戚とつながりのある方と出会うことはありました。

どこに行ってだれに会うかわからない。やっぱり正しく生きなくちゃ。あらためてそう思いました。東京は広くても、世間は思いの外狭いのです。

結婚式は黒引き振袖で。当時の花嫁はほとんど黒地の衣装を着ていました。

住んでいたアパートが火事に。その後、水害にも遭いました

結婚してから一年半を過ぎたころ、広告営業に出かけたときのこと。先方の社長さんにおなかが大きいことを見破られてしまいました。

「ローカル紙の収入では、子ども一人育てるのは大変でしょう。ご主人にうちの会社で働いてもらえれば、子どもが育てられるように給料を払います」

と言っていただきました。

「内職をしてでも母乳で育てたい」と思っていた私には、渡りに舟のお話でした。

夫はローカル紙にこだわりがあったようです。でも私は、妻として母として、せっかく築いた家庭を大事にしたい。それが最優先の課題だと思っていましたので、夫を説得し、お話をいただいた社長さんの会社に転職してもらいました。

嫁に来るとき、ミシンは持ってきていました。それでご近所の商店の奥さんのブラウスやスカートを縫ったり、枕カバーの内職を請け負ったりしました。そのうち家計が回り出します。夫の給料と私の内職代があればなんとか暮らしていけます。私は二人目の子どもも欲しいと思っていました。

ところが、「中央新聞」の社長が交通事故で突然亡くなってしまいました。夫は、その社長の葬儀のあと会社を休んで取材を手伝い、勤務していた会社の社長から、

「ローカル紙が好きで戻るのか」

と言われ、主人はローカル紙に戻ってしまいます。

ローカル紙の給料は、家賃を払うとわずかしか残りません。あとは、私の集金の20％の歩合50円しか収入がありません。

「困ったら言って！」と言ってくれる義姉。長姉も「月々、少し助けようか？」と言ってくれましたが、甘えることはできません。

もしも支援を受け入れたら、夫は仕事をしなくなるでしょう。「お金がない、おかずが買えない」と困っているほうが、まだ仕事をする気になるだろうと思ったのです。

私は自転車で中野区中を走り回り、新しい購読者や広告主を決めてきて、細々と暮らしていました。

長女の眞理子を取り上げてくださった助産婦さんのところで少し働かせていただいたこともあります。

義姉は、眞理子を柱に縛った紐につないで仕事をする私を見て「かわいそうに。おサルさんをつないでいるみたい」とポツリ。私は「怪我をするよりはいいから」と答えました。

人にどう見られるかなんて、気にする余裕もありません。

私が兄や姉にかわいがってもらったので、大変でも弟妹がいたほうがいいと思って、次女の久美子を授かりました。

長女を保育園に送り、次女を背負って出かけた夏の日の昼。

当時住んでいたのは、1階が店舗で2階が住居の「下駄ばきアパート」。1964（昭和39）年、私たちが暮らすアパートの一室から火が出て2階部分がすべて火事で焼けてしまいました。

沼袋（東京都中野区）にあった「中央新聞」で、近所の方から火事の知らせを受け、急いで夫と共にアパートに向かいます。

「焼けてしまったものは戻らない。それより高齢の大家さんが心配だ」と言いながら都立家政駅（西武鉄道）の交番まで来ると、警察官から「いくら新聞記者といっても非常線の中には入れません」

「自分の部屋が焼けてしまったんです！」

と言い放ってロープを潜りました。

アパートの前は野次馬でいっぱい。

「かわいそうに。留守の間に焼けてしまって。でも、涙も出さないんだ」

とその中から声が聞こえました。

あまりに突然のことで、気がおかしくなったのかと思われたようです。

道すがら、夫とは、

「私たちは若いのだから、またがんばるしかないよね」

と言いながら帰ってきたので、覚悟のうえでした。

義姉に、「今夜寝るところがないから泊めてほしい」と電話すると「え？　実家が火事にあったの？」と聞き返されました。

「今まで住んでいたアパート」

と言うと、

「なんでそんなに落ち着いているの？」

と驚かれました。

「申し訳ないけれど、眞理子を保育園に迎えに行ってほしい。焼け跡を見せたくないんです。久美子はまだ幼くてわからないから、私がおんぶしています」

と、お願いしました。

結婚当初、夫の背広は1着だけ。それを、春、夏、秋、冬用の背広を月賦で購入して、ようやく揃った頃でした。久美子はまだオムツをしていました。

さっそく、火事の噂を聞いた人から、オムツの差し入れ、布団が届きます。

夫には、背広とワイシャツ、靴下、ネクタイ、靴まで差し入れが。

「全部揃えたので、明朝取りにくるように」

と髙橋一郎さんが用意してくださいました。（何かでこのご恩をお返ししなくては）と心から感謝しました。

本当に皆さんによくしていただきました。

火事の直後は気が張っていたけれど、時間が経つと不安に襲われていました。

二人の子どもを抱えつつ、夫婦二人、全力で仕事をしていました。故郷を離れ、ようやく中野の暮らしにも慣れ、自信が芽生えてきた頃。だからこそ、この出来事は本当につらかったのです。

でも私にとっては、これをきっかけに街や住民の皆さんとのつながりを実感できました。人の情けの深さに素直に感謝できるようになったと今でも思っています。

ご近所の方々は「火事被害の保障を！」と、火元の従業員用二部屋を借りていた企業に抗議してきたと言います。

でも、ローカル紙をやっている手前、私たちにはそれはできませんでした。

皆さんに、

「涌井さんも行ってきなさいよ！」

と言われてもどうしても行けなかった。内心、(主人の背広1着はどうにかしなくては) と思っていたのですが。

火事のあった次の日から、

「住めるところを急いで決めますから」

と、1週間だけ助産婦さんのところでお世話になりました。

ようやく、手頃な家賃のアパートを見つけました。安いには理由があります。低地に建っているからです。

大雨が降ると、近所の妙正寺《みょうしょうじ》川の水が氾濫します。

床下はもちろん、ひどいときには床上まで水が出てしまう。

溢水《いっすい》になる前に、当時区議会議員だった工藤泰治さんと被害を最小にするため、窓枠と押し入れの間に角材を渡し、その上に畳と床板をはがして積む作業をするためにご近所を回りました。こうしておけば水が引いた後に、元どおりにして畳を敷くと、夜寝られます。

声をかけてくださるのは主人にではなく私。畳を上げるのに、私は重宝だったらしいです。

私は、火災のとき、皆様のお世話になったのだから、困ったときはお互い様、お役に立てればと進んでご近所を回ります。次々と、畳、床板まで上げていく。

「火事と水害にあったのだから、あとは怖いものはないね」

と話す私たちは、周囲から呑気な夫婦と思われていたことでしょう。

アパートの火事に遭って以来、私はできることで皆様に恩返しをするようになりました。取材先のいくつかの町会の餅つき大会で、手返しを手伝ったり、手返しの仕方を教えたりしましたので、私は手返しを40年以上続けました。氏神様のお祭りも、高齢の方が引退するとどうしていいのかわからないと言う。実家は神道だったので、お供えの準備や設置を担当しました。

畳上げや餅つきの手返し、集まりに持参する煮物。どれも藤枝で学び、身に着けた暮らしの知恵です。実家の母も元気なとき、当たり前のようにやっていました。でもここ東京では当たり前ではありません。皆、忙しくてそれどころではないのです。それらを淡々と行う私に、ご近所さんはとても喜び、感謝してくださるのでした。

長女・眞理子が小学校にあがる少し前から、「中央新聞」の収入だけでは子どもは育てられないと、保険会社にも5年ほど籍を置いていました。

左から久美子、奈津子、かおり、眞理子。この４人の娘が私には宝です。

そして、三女・奈津子が生まれました。

保険の勧誘や集金、「中央新聞」の集金と二足の草鞋を履いて、三人の子育てと一生懸命働きました。

その後、1974（昭和49）年1月に夫と共に「週刊　とうきょう」を立ち上げ、その翌年1975（昭和50）年には四女のかおりが生まれ、家はますますにぎやかになりました。

Column

地域の皆さんに見守られ、その真ん中に友子さんの笑顔がある

松本文明さん（元衆議院議員）

私は1949（昭和24）年生まれ。大学に入ると、そこは紛争の地でした。講義はほぼ休講で、校内ではアジ演説や機動隊との衝突……と、とても学問をする雰囲気ではありませんでした。そういう時代だったのですね。

学内の雰囲気に影響され、私はイデオロギーや政治に興味を持つようになりました。縁あって、当時新進気鋭の都議会議員だった髙橋一郎先生と出会い、19歳で住み込みの秘書、いわゆる書生として指導を受けることになったのです。

髙橋先生の事務所に現れたのが、「中央新聞」時代の涌井啓権さんでした。

当時はローカル紙が流行っていて、中野区には7紙ほどありました。でも、啓権さんはどの記者とも違っていました。

彼は高橋先生の取材として、1週間に2日は事務所に来ていたと思います。高橋先生が不在のときは、私に政治談議を吹っかけてくる。

「松本君、今の区長のやり方をどう思う？」

「××区の××さんのことは知っている？」

当時の私は、まだ政治について勉強し始めの若造です。唐突な質問に答えられるわけがありません。勉強不足だといつも怒られていました。

今にして思えば、啓権さんなりに若者を鍛えてやろうという気持ちだったのでしょう。政治については、実に誠実で真面目な人。情熱を持って語る人でしたね。だから、高橋先生にもとても可愛がられていました。

啓権さんは、特に中野区の政治状況には明るかった。選挙運動を取材しながら、どの候補者が有望とか、このエリアではこのテーマで話すべきとか、鋭い視点を持っていると思いました。

だから、亡くなられたときはとてもショックでした。あまりにも早く、惜しい。そして友子さんは四人の娘さんと遺された。

「週刊とうきょう」は廃刊だろうと、誰もが思っていたはずです。啓権さんが病床におられた頃から、友子さんは赤ちゃんをおんぶして区内を取材されていて、ローカル紙を運営すること自体も難しそうだった。40年以上昔のことだから、女性の新聞記者なんて考えられなかったんですよ。

でも、本人は啓権さんの遺志を継ぐと言う。

「私にできることがあれば言ってください」

私も含めて周囲の人間は、そう彼女に伝えて、ずっと見守ることしかできませんでした。

それからの2~3年は、暗中模索の日々だったと思います。

やがて、「週刊とうきょう」の紙面が変わり始めた。

かつては、啓権さんらしく、区議会のレポートや選挙、政策の話がメインだった。それが、地域に密着した情報を満載した新聞になっていったのです。我々は、ご近所さん、同じ区に住んでいる人たちや活動団体のことを意外と知らないものです。

誰々が交通安全の表彰を受けたとか、町会でお祭りが行われたとか。そこに集まった人たちの言葉、表情。そして、時間と空間を共有することで、人々の間にどんな心の交流が起こったのか。

「週刊 とうきょう」では、一般人や政治家、有識者は皆平等に取材されます。中野区に生きる仲間の一人として登場するのです。

そういった生活に根ざした情報を提供する「週刊 とうきょう」は、住民の方々の地域に対する興味を喚起して、住民同士のつながりを強める可能性を感じさせました。涌井友子の視点ならではの、正真正銘のローカル紙になったわけです。

地域の新聞がどんどん衰退する中で、「週刊 とうきょう」が今なお読まれている理由はそこにあると思います。

涌井友子さん、かあちゃんの人生は順風満帆だったとは僕には思えません。多分、普通の人の何十倍もご苦労されていると思います。

でも、どんなことがあっても月に2回「週刊 とうきょう」をきちんと発行し続けて、子どもたちもみんなちゃんと育ってかあちゃんを助けている。そしてたくさんの、実にたくさんの地域の皆さんに見守られている。その真ん中に彼女の人生があり、笑顔がある。それは素晴らしいことだと思うのです。

私自身、そんなかあちゃんが杖をついて取材先に現れた途端、身が引き締まる思いがします。

きっと空の上から、「よくやった、ご苦労さん」と啓権さんも言っていることでしょうね。

第5章

これからの私。これからの「週刊 とうきょう」

新聞記者としての矜持を守りながら、時代の変化にも合わせていきたい

中野という一つの街を見つめ、伝え続けてきた私の物語、いかがでしたでしょうか。

中野区の人口は2024（令和6）年現在で約34万人。都心からとても近いですが、下町のような雰囲気もあり、山の手風なところもあり、その二つが混在していて面白い街だと思っています。

実際に現場を見ないと本質がわからない。私は自分で出向くことが一番大事だと考えて、今日も杖をついて、ときにはバスに乗って、議会や警察署、学校、商店街とあちこちへ取材に出かけます。

まさか自分が新聞に文章を書くなんて、若い頃は想像だにしませんでした。な

んで、素人の私が夫の跡を継いだのだろう？　振り返ると、やっぱりそれだけ夫のことが大好きで、夫は私にとって一番大切な人だったのかもしれません。亡くなる直前まで原稿に向き合っていた夫。その懸命な姿を見て、（こんなに好きな新聞なのだから、どうしてもなんとか残してあげたい）と、心底思いました。

ただ、その気持ちだけで、ここまでやってこられたように思います。引き継いでからは、公平に、どんな人にも肩入れしないようにという姿勢だけは貫いてきました。

取材相手の方とも1対1で食事に行ったりなどはしたことがありませんでした。誰かから娘たちに、

「お前のお母さんが誰々とどこかで会っていたぞ」

などと言われないように、絶対に娘たちに恥をかかせるようなことをしてはいけないと固く自分に誓っていたからです。

「杖に縋《すが》るとも人に縋るな」、私の座右の銘です。

令和の時代は、取材の仕方もかなり変化しています。昔は子どもの写真を掲載すると親御さんは喜んでいたものですが、今はそうはいきません。前述したように、気軽に取材先にひょいと出かけて行くわけにもいかず、人と人との接し方もずいぶん変化しました。

でも、その時代に合った取材の仕方があるはず、と、私なりに模索を続けています。

戦争体験から得た教訓が
どうしても紙面に表れます

私にとって、やはり第二次世界大戦は最も重い体験でした。

私は当時のメディアの情報や大人たちの話から、日本は必ず戦争に勝つと信じ切っていました。

あそこの島で戦って占領したとか、敵機をたくさん射止めたとか、そういうニュースばかりが伝えられました。だから子ども心に、戦争に負けるだなんて、思ってもみませんでした。

日本が負けた、終戦だ……となったとき、同じメディアが敗戦を伝えました。

（なんで？　今まで、勝っているって言っていたじゃない？）

そんな疑問が沸き起こりました。

そのとき、「報道は怖い」と思いました。

だからこそ、真実を伝え続けなければと思うのです。

中野も戦争でかなりの地域が焼かれました。

先日、ウクライナの演奏家が中野に避難をしていらして、大変な思いをされているると聞いたので、その演奏家のコンサートを取材しました。

でも、文章に特別な思い入れは出さないようにしています。

心の中では応援をしていますが、文章には書きません。

淡々と、なるべく公平に、事実だけを書くようにしています。

批判をすれば喜ぶ読者もいるかもしれませんが、すっぱ抜きのようなことだけはしない、それだけは守っていきたいと考えています。

誤字、脱字、誤解されるような表現がないか、常に確認しています。校正は、紙面ができてきたときから数えて4回行って、4回目は久美子と読み合わせをしています。その後、印刷所に入稿しますが、印刷所でも自分ですべて読み直し、

週刊とうきょう　第１３１５号　（２）

いのちの尊さを祈る日
ウクライナ演奏家の平和の祈り

第23回「いのちの尊さを祈る日」は、5月19日14時から新井薬師梅照院大悲殿で、多くの人に参加を呼びかけ、開催された。

主催の「明るい社会づくり宗教者懇話会」は中野区内の神道・仏教・キリスト教・天理教・金光教・解脱会・立正佼成会等の宗教団体で構成されている都内でも珍しい会で、「いのちの尊さを祈る日」は、第二次世界大戦で中野のまちが炎に包まれた5月23日の前後に毎年開催されている。近年では、東日本大震災などの災害による犠牲者や交通事故で亡くなられた方の慰霊も一緒に行っている。

会長の安藤文隆氏が「コロナの間は関係者のみだったから、皆さんに集まっていただくのは5年振りです」と、受付のそばで来場する方々に声をかけていた。

開式のことばを関宮雄事務局長（大和町八幡神社宮司）が述べ、全員で黙とうを捧げた後は、今年の当番である立正佼成会の中野教会佐藤浩士教会長が慰霊の

立正佼成会式での慰霊祭

た。

平和の祈りと題した法要では、ウクライナ避難されているチェロのグリエブ・トルマチ氏とヴァイオリン奏者マン・セドヴァロシィによる演奏があり、トルヨヴ氏から「現在も続争のために苦しんでいクライナの人々に心をていただき感謝しますクライナの情勢は不で、都市は攻撃され、

Sunplaza

カイブプロジェクト

「週刊 とうきょう」第1315号でウクライナの避難民によるコンサートについて報道。

最終確認をしています。

今は久美子がいなくては、「週刊 とうきょう」を作ることはできません。健康に気をつけて、久美子にも助けられながら、私はこの小さな新聞を守っていきたいと願っています。

テレビ番組の出演がきっかけとなって大学生たちとの交流が生まれました

私の新聞記者としての活動を追ったドキュメンタリー番組「ドキュメント20min」が、NHKで2024(令和6)年6月に放送されました。長期間、NHKのスタッフの方が密着し、私の取材活動を丁寧に伝えてくださった20分間の番組でした。

この番組を観て感銘を受けたというメディア志望の現役大学生五人から私に直接、連絡があり、「ぜひ、涌井さんの講演会を企画させてください」とお申し出を受けました。

集まってくれたのは早稲田大学3年の秋津みゆきさん、明治大学4年の稲森郁弥さんと大原可椰さん、同大学3年の新田大輝さんと堀田彩乃さんの五人

私のトーク会を開催してくれた大学生の皆さん。左から稲森郁弥さん、大原可椰さん、秋津みゆきさん、新田大輝さん、堀田彩乃さん。

（２０２４年６月当時）。クラウドファンディングでのご支援もいただき、２０２４（令和６）年10月19日に中野セントラルパークカンファレンスにての開催が実現したのです。

　最初は若い人たちを前に、新聞記者として私がどんなことを伝えられるのだろうか、ちゃんと上手にお話しすることができるのかと、少し不安でもありました。でも、当日はそんな不安も吹き飛びました。学生の皆さんからインタビュー形式で質問を受ける形のトーク会になり、それならば私も肩の力を抜いて精いっぱいお話ししようと決意したのです。「中野経済新聞」の編集長で区議会議員の杉山司さんも、場を明るく盛り上げてくださいました。

「どんな大学生活を送られましたか？」

という質問が出たときには、自分が10代の頃は戦時中で学ぶ機会が失われていたこと、戦後の混乱で卒業証書をいただくことができず、その体験が今もつらい思い出になっていることを正直にお話ししました。大学生の皆さんは当たり前に学校へ行けなかった時代が日本にもあったことに驚き、「こうして今、私たちが自由に勉強ができていることの有り難みを知りました」というような感想を述べてくれました。「今、学べる場があることの大切さ」を伝えられただけでも本当によかったと心から思いました。

そのほかにも、「戦争の記憶」「昨今増えている過激な記事やSNSの炎上」「この時代に大切にしたい生き方」についてなどの質問を受け、できるだけ真摯に自分の考えを述べました。

私が93年の人生で得た経験を、若い世代に少しでも伝わる活動をこれからも続けていきたいと思っています。

Column

母娘対談
涌井友子×涌井久美子

両親を手伝うのは当たり前のことだと思っていた

友子　「週刊　とうきょう」の歴史を振り返って、1冊の本にまとめました。あらためて、子どもたちには苦労をかけたな……と思った。

久美子　そんなあらたまって言われても（笑）。たしかに、家が仕事場になっていたからいつも雑然として、慌ただしかった。自分用の勉強机もなかったし。でも、子どもって、自分の家庭しか知らないから、あんまり変だとも思ってなかった。

友子 それならいいけれど。

久美子 「週刊 とうきょう」をいつから手伝ったのか？ と問われて簡単に答えられないのは、子どものときから新聞折りなど手伝っていたから。

友子 下の子たちの面倒もよく見てくれた。感謝してる。

久美子 一番下の妹は、「週刊 とうきょう」が創刊したての頃生まれたから、私が保育園のお迎えをしたりしていた。両親が一生懸命仕事をしているのは私にもわかったから、当たり前のことだと思っていた。

友子 うちも大変だったけど、いつの時代も共働きの人にとっては子どもを育てて家庭を築くのがとても厳しいのよ。この前、保育園のときの友だちから電話があって、昔話をしていたんだけど「とにかく必死だったわよね、私たち」って。昔は内職ばかり。女性の働く場がなかったからね。保育園で知り合ったお母さんたちも懸命に働いて、子育てしていた。だから同志みたいな感覚があるのね、今でも。

久美子　世の中ももっとゆったりしていて。中学生の私が保育園に迎えに行ったりしても、快く対応してくれた。ご近所さんや商店街の方々にも、いつもよくしていただいて。地域全体に見守られていた気がする。

友子　当時は中野も下町だったのよね。ご近所さんも何かあったら声をかけ合って、助け合っていた。今もその感じは少し残っているんじゃないかな。

お母さんが仕事をしていない状態が想像できない。だからずっと続けてほしい

友子　家の手伝いだけでもありがたいと思っていたのに、結局「週刊きょう」を一緒に作ることになって。そこまでは想像してなかった。

久美子　それまで、経理のことは少し手伝っていたけどね。お母さんが背骨を圧迫骨折したとき、私は再就職先を探していた頃で、時間に余裕があったから。完治するまでは私が取材は代行して、原稿はお母さんに書いてもらって。私にとってお母さんは、とにかく元気でパワーのある人だったけど、「いつまでも若いわけじゃない」って、リアルに思えた出来事だった。

友子 でも治ったら、普通に仕事に復帰して……。その後も、「週刊とうきょう」を手伝ってくれるようになったんだよね。

久美子 DTP（パソコン上で印刷物のデータを制作すること）とかデジタルカメラの流れになってきて。パソコンは仕事でちょっと使ったことがあったから。手頃なDTPソフトを買って。私も決してデジタル系の人間じゃないけど、マニュアルを読みながら、ときには印刷屋さんに教えてもらって、最初は時間をかけて作っていた。

友子 パソコンでできるようになって、仕事もしやすくなった。いまだにデジカメもICレコーダーもよくわからないけれど、久美子に助けてもらって、なんとか使っています。

久美子 でも、一番焦ったのは、4年前の大腿骨骨折。年齢のわりに若々しく、いつも元気なお母さんだけれど、もうすぐ90歳という年齢だけに、高齢者が転倒して骨折すると、ガクッと身体が衰えるという話をよく聞いていたから、これはいけないと本気で思った。

友子 あのときも、全部取材を担当してくれて、入院先の病院に毎日見舞いに来てくれた。

久美子 入院すると仕事の感覚が取り戻せないんじゃないか。そう思って、あえて楽をさせませんでした(笑)。ゲラができたらすぐに病室に届けて、校正してもらって。足以外は元気だから、鈍っちゃいけないと思ったから、毎日何かしら仕事を持って行った。同室の患者さんには「まるで鬼のような娘だな」と思われていたかもしれない(笑)。でも、絶対に仕事に復帰させようと思っていたから、こっちも必死で。

友子　おかげで無事に仕事復帰できた。

久美子　お母さんが仕事をしなくなったら……。どうなるか想像もできなかったから。どんな形でもいいからお母さんの生きがいでもある「週刊とうきょう」を続けられるように考えた。

一番の健康維持は、仕事をすること。いつまでも元気でいられますように！

友子　最近では、仕事も家のことも役割分担して、ずいぶん楽になった。ありがとうね。

久美子　「週刊とうきょう」を継続することはもちろんだけど、お母さんの健康維持が大切だと思っている。

友子　いろいろ考えてくれているものね。

久美子　姉妹たちと話したりするんだけど、やっぱり自分でできることはやる

——これに尽きるよねって。なんでもやってあげちゃうと、それまで使っていた筋肉とか神経とかを使わなくなっちゃう。それが衰えにつながるんだと思う。家族が全部やってあげるのって、やさしさのようで違うのよ。だって、自分でパパッとやっちゃったほうが早いし、簡単だから。でも、お母さんの身体の変化に合わせて、できることを奪わないのが大事。だから、できるだけやれることはやってもらっているよね。

友子 私も身体を動かすことは好きだから全然苦じゃない。

久美子 とは言うけど、出かけないときでも、家の中での階段の上り下りで足腰が鍛えられるからといってもなかなかできないよね。老化は足からって言われているので、仕事以外でもできるだけ用事を作って歩いてもらっています。

友子 ウォーキングは好きじゃないけど、用事があれば出かけられる。

久美子 「バリアフリー」も、家庭に導入するのは善しあしだって聞いた。家中をバリアフリーにしちゃうと、足先の動きや注意力が衰えるリスクもあるとか。楽過ぎる、安全過ぎる環境って、必ずしもいいとは言えないのかもしれない。意識して足を上げることができる段差があってもいいのかもしれません。

友子 はい。我が家はノーバリアフリー。物につまずかないように、いつも気をつけて移動しています（笑）。

久美子 できるだけ料理も一緒に作ってる。献立は私が考えて、煮物や和え物などの和食はやっぱりお母さんの味にはかなわないから、作ってもらうよね。

友子 そんなに違うかしら？　って、いつも思うんだけど。ほめてもらえるとうれしいから作っちゃう。

久美子 洗濯物も干してもらっている。腕を上げる動作って、普段しないじゃない？　だんだん背中や腕の筋力が落ちてきちゃうから、洗濯物を干して筋トレになるといいなと思って。でも、一番の健康維持は、仕事よね。

友子　そうね。そうかもしれない。

久美子　歩いて現場に行って、人に会って話を聞いて。帰ってから、取材したことを思い出しながら原稿を書く。ゲラが上がったら、内容や文字に間違いがないか確認する。これをずっと続けているんだから、健康なわけですよ。

友子　仕事がなかったら、わざわざ人に会いに行かないかもしれないし。見て聞いて、感じて考えて……身体と心、頭を使って、取材している。何より、自分が好きなことをやっているのがいいんだと思う。毎日が楽しいもの。知らない場所に行ったり、初対面の人に会ったりすると（ここはどこだろう？）（この方ってどんな方なのかしら？）って、好奇心で心が活性化しているのがわかるの。日常とは違う刺激を受けるのって大事かもしれない。

久美子 仕事があると、予定があるじゃない？ そうすると、予定に合わせて今できることを組み立てていく。物事の優先順位をつけて、準備や下調べをするとか。毎日に張りが出てくるよね。人に会うといい意味で緊張するし。その人の好きな仕事、役割を果たすのが、高齢者にとって一番の健康法なのかもしれないね。

友子 そうね。時代の変化が激しい中で、「週刊 とうきょう」を続けるのは簡単なことじゃないけれど、できるところまでやっていきたい。これからもよろしくお願いします。

久美子 こちらこそ。がんばっていい新聞を作っていきましょう！

娘との二人三脚はこれからも続きます。

年表

昭和

西暦	和暦	年齢	私の歴史	世相
1931	昭和6	0歳	静岡県藤枝市に廣瀬素行・きよの三女として生まれる	満州事変が始まる
1944	昭和19	13歳	静岡県立藤枝高等女学校に入学	東南海地震が発生
1948	昭和23	17歳	焼津市立豊田小学校の代用教員に採用される	プロ野球初のナイターが行われる
1952	昭和27	20歳	静岡鉄道に入社	サンフランシスコ平和条約が発効される
1958	昭和33	27歳	涌井啓権と結婚	岩戸景気
1960	昭和35	29歳	長女・眞理子が誕生	カラーテレビの本放送開始
1962	昭和37	31歳	次女・久美子が誕生	東京の人口が1000万人を突破
1964	昭和39	33歳	自宅が火災に見舞われる	東京オリンピック開催
1967	昭和42	36歳	三女・奈津子が誕生	吉田茂元首相死去

時代	年	和暦	年齢	出来事	世の中
昭和	1974	昭和49	42歳	「週刊とうきょう」を創刊	ミスター巨人といわれた長嶋茂雄が引退
昭和	1975	昭和50	44歳	四女・かおりが誕生	ベトナム戦争が終結
昭和	1982	昭和57	50歳	夫・啓権が逝去。「週刊とうきょう」の発行人になる	ホテル・ニュージャパン火災事故発生
平成	1995	平成7	64歳	ボランティア団体「夢のかけ橋」に参加	阪神・淡路大震災が発生
平成	1996	平成8	65歳	背骨を圧迫骨折し、次女・久美子が新聞の制作に参加	安室奈美恵人気でアムラーが流行
平成	1998	平成10	67歳	「週刊とうきょう」の制作をデジタル化	和歌山毒物カレー事件が発生
令和	2020	令和2	88歳	大腿骨を骨折し、自転車での外出を自粛	2019年5月1日に元号が令和となる
令和	2024	令和6	93歳	「週刊とうきょう」が創刊50周年を迎える	米国でトランプ大統領が再選される

涌井家

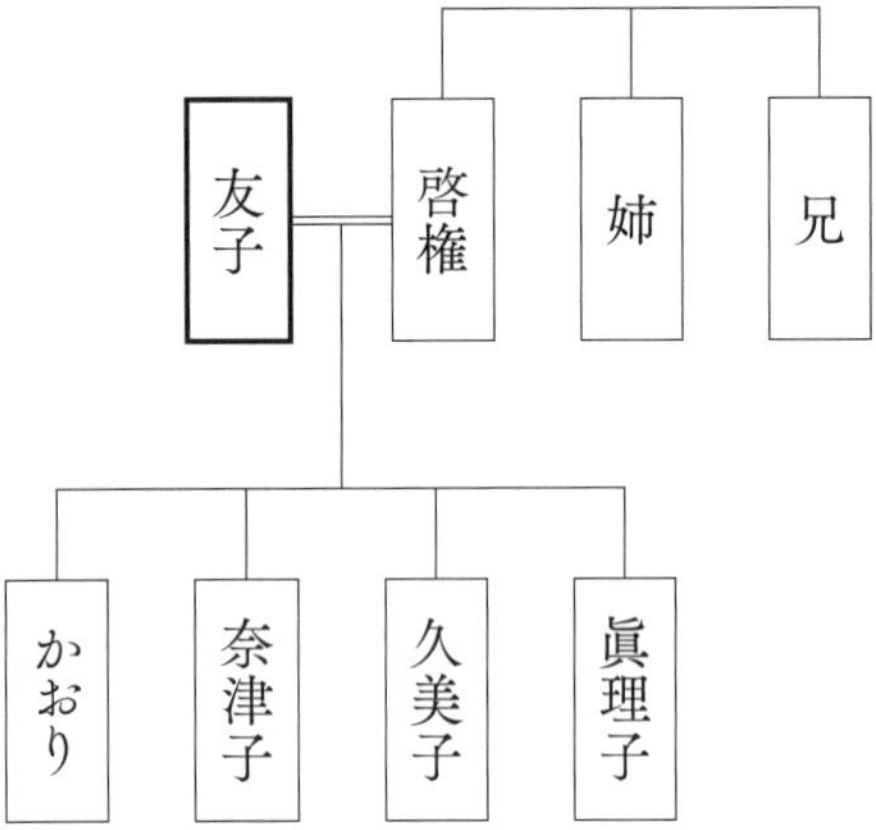

廣瀬家

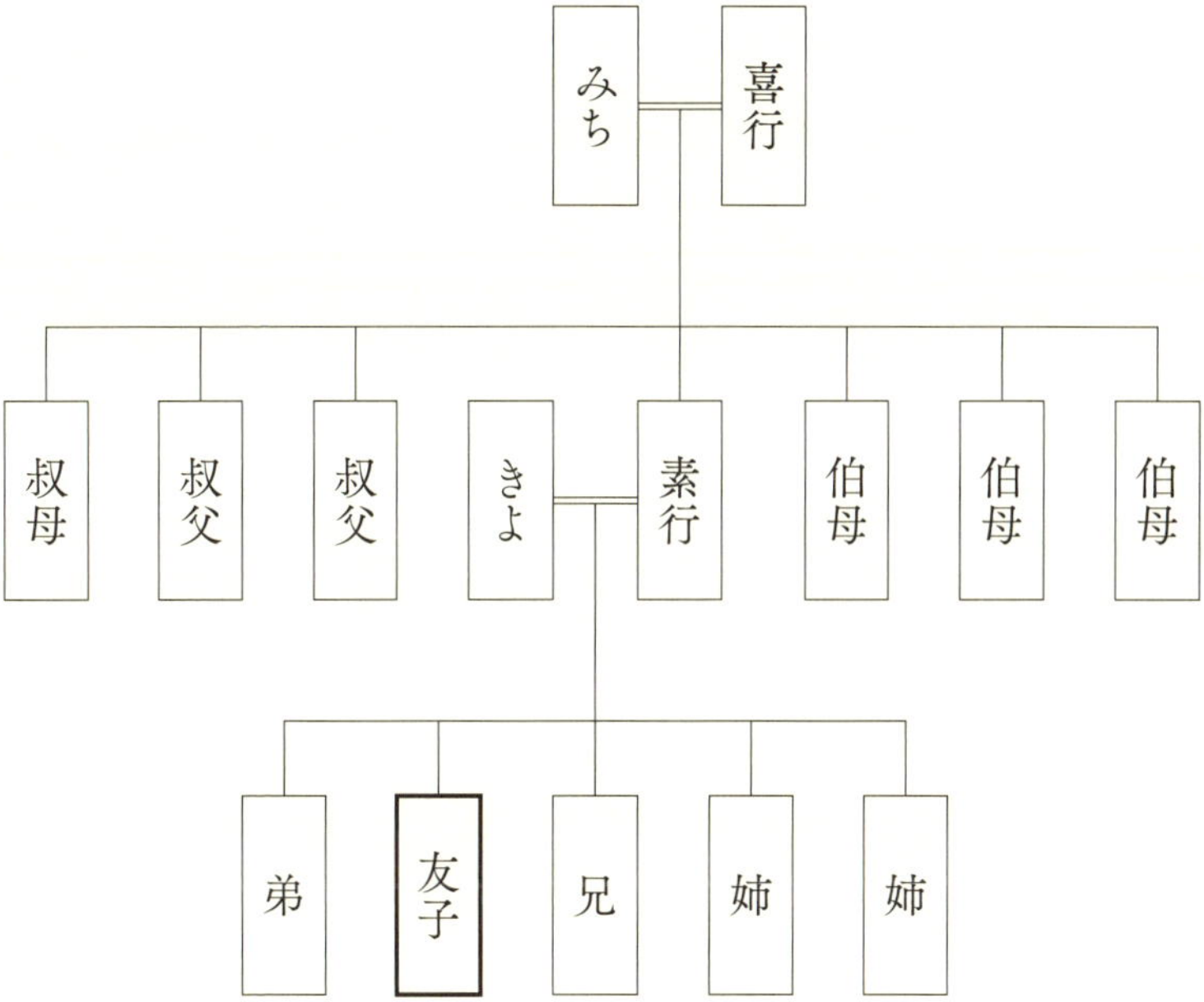

おわりに

私が就学する前のことです。祖母が誰かに言っていました。

「誰も見ていなくとも、お天道様は見ているからね」と。

両親の看病、子育て、そして「週刊 とうきょう」の発行、その日その日をただ無我夢中にこれまで生きてきましたが、祖母のことばをなぜか時々思い出します。「どんな苦難にも負けないで、勇気をもって正しく生きるのだよ」と祖母が言ってくれているように思うのです。

ですから、私の人生の根底にその言葉があると思うのです。

「週刊 とうきょう」を私に残してくれた夫に感謝するとともに、50年にわたり発行を続けられたのは購読してくださる方、ご支援くださる中野の皆様、そして執筆してくださった方々、友人、家族が温かい気持ちで応援してくださったからで、私は本当に幸せだと感謝の気持ちでいっぱいです。

中野の小さな新聞とはいえ、90歳を超えている現役の新聞記者ということで、2022年に東京新聞で取り上げていただいてから新聞、雑誌やラジオ、そしてテレビと多くのメディアに取り上げていただきました。取材を受ける立場となり、記者の方々の質問を受け、答えるうちにごく普通の人生だと思っておりましたが、93年も生きているといろいろなことがあったなと感じました。

草思社の五十嵐麻子さんから2024年2月2日に出版のお話をいただいたことで、私のこれまでの人生を振り返り、文章にして確かめる機会を得ることができ、深く感謝申し上げます。

これからも許される限り元気に仕事を続けるため、健康に配慮しながら、感謝の気持ちをもって大切に暮らしてまいりたいと思います。

2025年1月

涌井友子

涌井友子（わくい・ともこ）

1931（昭和6）年、静岡県藤枝市に生まれ、終戦後、鉄道会社での勤務を経て1958（昭和33）年に結婚。1974（昭和49）年に夫婦で中野区の地域新聞「週刊とうきょう」を創刊。1982（昭和57）年に夫が他界後も発行し続けている。ボランティア団体「夢のかけ橋」に所属し、地域の子どもたちを見守りながら世代間の交流も深める。2024（令和6）年に「週刊とうきょう」は創刊50周年を迎えた。

ご意見・ご感想は、
こちらのフォームからお寄せください。
https://bit.ly/sss-kanso

私《わたし》は93歳《さい》の新聞記者《しんぶんきしゃ》
ペンとカメラと杖《つえ》を手《て》に、今日《きょう》も街《まち》を歩《ある》きます

二〇二五年二月六日　第一刷発行

著者　涌井友子《わくいともこ》
発行者　碇　高明
発行所　株式会社草思社
〒一六〇－〇〇二二
東京都新宿区新宿一－一〇－一
電話　営業　〇三（四五八〇）七六七六
編集　〇三（四五八〇）七六八〇

印刷所　中央精版印刷株式会社
製本所　中央精版印刷株式会社

ISBN978-4-7942-2764-5 Printed in Japan 検印省略